RELATION

DE

L'ESTABLISSEMENT

DE LA

COMPAGNIE-FRANCOISE,

POVR LE COMMERCE

DES INDES ORIENTALES.

DEDIEE AV ROY.

A PARIS,

Chez SEBASTIEN CRAMOISY, & SEBASTIEN
MABRE-CRAMOISY, Imprimeurs ordinaires
du Roy, ruë S. Iacques aux Cicognes.

M. DC. LXV.

AVEC PRIVILEGE DV ROY.

AV ROY.

IRE,

I'expose aux yeux de VOSTRE
MAIESTE', *la Naissance & les*

EPISTRE.

premieres Occupations de la Compagnie Françoise, pour le commerce des Indes Orientales. Si VOSTRE MAIESTÉ avoit planté de ses Mains Royales vn Arbre dans quelqu'vn de ses magnifiques Iardins , Elle auroit de l'impatience d'en voir éclore les premieres Fleurs , ou d'en cueillir les premiers Fruits. Les peines que VOSTRE MAIESTÉ auroit prises pour eslever cette nouvelle Plante , luy feroient trouver de la joye à en considerer les progrés , & l'interesseroient dans sa conservation. La Compagnie des Indes Orientales , SIRE , a vne fortune

pareille. VOSTRE MAIESTE'
l'a plantée de ses Mains propres;
l'a cultivée de ses Soins; l'a arro-
sée de ses Faveurs. C'est vne Fleur
qui vous doit tous ses parfums &
toute sa beauté ; C'est vn Edifice
qui ne subsiste que par vostre ap-
puy; C'est vn Dessein qui ne peut
obtenir d'heureux succez que par
cette fatale impression que la Bon-
ne Fortune & la Puissance de vostre
NOM AVGVSTE *donnent à*
toutes les choses où il se mesle. Cette
Compagnie estant attachée à V. M.
par tant de raisons , j'ay jugé
que cette Relation *vous estoit*
deuë , & que de vous entretenir

EPISTRE.

des particularitez de ce grand Establissement, c'estoit vous rendre compte de vos graces. I'ay creü que
VOSTRE MAIESTE' auroit
de la joye à voir les premieres pro-
ductions de ce bel Arbre, dont les
branches doivent quelque jour
s'estendre si loin, & à l'ombre des-
quelles on doit jetter la semence salu-
taire du saint Evangile. Le Commerce SIRE, qui selon la Prudence
Humaine sembleroit le principal ob-
jet de ce Dessein, n'en est peut-estre
qu'vne des circonstances dans la
conduite incomprehensible de la Di-
vine Providence. DIEV, dont
les Voyes sont sans nombre, a sus-

EPISTRE.

cité dans nos jours celle du Commerce, pour introduire le Chriſtianiſme parmy les Nations infideles.
Ces Peuples qui voyent que par le
moyen du Commerce on enleve de
leur Païs les choſes qui y ſont en
trop grande abondance, qu'on leur
apporte en eſchange celles dont ils
manquent, commencent à concevoir
quelque bonne Opinion, & meſme
quelque Amitié, pour ceux qui con-
tribuent à leur rendre la Vie plus
agreable ; Et quand cette premiere
ouverture de Cœur eſt faite, il eſt
aiſé d'y verſer d'autres Sentimens
plus precieux. Les equitables Ordonnances que cette Compagnie a

EPISTRE.

resolu de faire observer dans L'ISLE DAVPHINE, sous l'authorité de VOSTRE MAIESTE', & par lesquelles elle enjoint expressément aux Iuges, de ne faire aucune distinction entre l'Indien & le François, & de rendre la Iustice également à l'vn & à l'autre, montrent assez quel est l'esprit de cette Compagnie ; & que ces Reglemens sont dignes d'vn Peuple, qui a à sa teste vn Roy du Sang de SAINT LOVIS, & que toute l'Europe appelle par excellence LE TRES-CHRESTIEN, & LE FILS AISNE DE L'EGLISE. Fasse le Ciel, SIRE, que V. M.

qui

EPISTRE.

qui s'est principalement proposée dans cette rencontre, la Gloire du Nom de DIEV, *& la Conversion des Barbares, voye bien-tost l'accomplissement de ces saintes Pensées, & qu'en adjoustant à sa Couronne de vastes Provinces, & plusieurs differentes Nations, elle donne en mesme temps de nouveaux Enfans à* L'EGLISE, *& de nouveaux Domestiques à la* FOY. *Ce sont les vœux,*

SIRE,

De vostre tres-humble, tres-obeïssant,
& tres-fidelle subjet & serviteur,
CHARPENTIER
de l'Academie Françoise.

ē

TABLE DES MATIERES
contenuës en la preſente
Relation.

ẽ ij

TABLE

DES MATIERES.

ẽ iij

TABLE

RELATION

DE L'ESTABLISSEMENT

DE LA

COMPAGNIE FRANÇOISE

POVR LE COMMERCE

DES INDES ORIENTALES.

LA Nation Françoise ne peut estre renfermée dans l'enclos de l'Europe, il faut qu'elle s'esten-de jusqu'aux parties du Monde les plus esloignées, il faut que les Barbares esprouvent à l'ave-nir la douceur de sa domination, & se polissent à son exemple. Nous avons enfin une Com-pagnie pour la Navigation des Indes Orien-tales, & ce grand Commerce qui sembloit man-

A

quer à la gloire de la France, va adjoufter un nouvel ornement à la Tranquillité dont nous joüiffons. L'Eftoille merveilleufe qui refpand de fi favorables influences fur ce Royaume, a renouvellé & fait conclure un deffein que plufieurs jufques icy avoient propofé inutilement. Nous fommes dans un fiecle où tout ce qui eft grand, tout ce qui eft beau, tout ce qui eft utile pour l'Eftat, s'entreprend & s'execute. Ce feroit ignorer une verité publique, que de ne pas attribuer ces grands evenemens aux heureux foins de noftre Augufte Monarque, qui fe donnant tout entier au bien de fes Peuples, ne laiffe rien efchapper à fa prevoyance, de ce qui peut contribuer à leur honneur & à leur utilité. Toute l'Europe a les yeux tournez fur la France, pour admirer les merveilleux effets de la dexterité fortunée de ce Prince, & l'ardeur avec laquelle tous fes Sujets correfpondent à fes glorieufes intentions; Et comme cette entreprife de la Navigation des Indes Orientales, fournit aujourd'huy d'entretien non feulement à nos Voifins, mais aux François mefmes, il fera peut-eftre affez agreable aux uns & aux autres, de voir de quelle maniere cette Compagnie s'eft formée; Le grand fecours que fa Majefté luy a donné; Le grand nombre de perfonnes qui y ont pris intereft;

Les principales chofes qui fe font agitées dans les affemblées de la Compagnie jufqu'au depart de fa premiere Flotte, & jufqu'à la nomination de fes Directeurs ; En un mot, toutes les circonftances qui ont accompagné la naiffance de ce Corps celebre, qui doit apporter de fi grands avantages à l'Eftat, & qui va affermir la Predication de l'Evangile dans les plus belles Provinces de l'Afie & de l'Afrique.

Le Roy qui n'a rien plus à cœur que de rendre fon regne floriffant & heureux, ayant reconnu l'importance de la Navigation & des voyages de long cours, & que c'eft non feulement une marque des plus affeurées de la puiffance d'un Eftat, mais encore un moyen des plus infaillibles pour y entretenir l'Abondance, crut qu'il eftoit de fa gloire & de fa bonté paternelle envers fes Peuples, de les porter à l'entreprife du Commerce des Indes Orientales : Et aprés avoir confideré que les Rois Henry le Grand, & Loüis le Iufte avoient autrefois tenté le mefme deffein fans avoir pû le conduire à fa perfection, il refolut de ne rien negliger pour l'accompliffement d'un fi grand ouvrage, & qui pouvoit tenir rang parmi les plus fameufes avantures de fon Regne. Mais encore qu'il pûft entreprendre cette Navigation

I.

pour luy-mefme, à l'exemple des plus puif-
fans Princes de l'Antiquité, & entr'autres de
ce fameux Roy dont la Sageffe fera eternelle-
ment en admiration à toute la Terre, & de
qui les Navires alloient tous les trois ans en des
voyages de long cours, d'où ils luy rappor-
toient de l'Or, de l'Argent, & de l'Ivoire; neantmoins par une generofité vrayment royale, il
en a voulu abandonner toute la conduite à fes
Sujets, afin de leur en abandonner tout le profit; Il a confenti qu'ils en formaffent l'entreprife pour eux feuls, & ne s'eft refervé que
l'honneur de les proteger de fa puiffance, &
de les affifter de fes deniers; En un mot il a
pris fur foy les plus pefantes charges de l'execution, & ne veut point participer à la feli-
cité du fuccés.

II.   Les premices de ce deffein parurent dans
un Difcours qui fut publié au Mois d'Avril de
l'année mil fix cens foixante & quatre fous le
titre de, *Difcours d'un fidele Sujet du Roy touchant*
l'eftabliffement d'une Compagnie pour le Commerce des
Indes Orientales; Et le Roy voulut bien que tous
les François fuffent informez par ce moyen
de fes royales intentions, & du defir qu'il a-
voit de concourir puiffamment à cette entreprife. Ces avances que fa Majefté faifoit de fon

cofté , donnerent fujet à toute la France de fe
réveiller en une occafion fi importante. Les
Conferences que plufieurs perfonnes de grande qualité eurent en fuite avec les principaux
negocians de Paris, leur ayant fait connoiftre
plus particulierement, que cette Compagnie feroit fortement appuyée de la part du Roy, ils
refolurent de s'affembler , & de voir ce qu'ils
avoient à demander pour en favorifer l'eftabliffement. Ainfi, aprés avoir conferé entr'eux
pour convenir de leurs intentions , ils commencerent à tenir des affemblées publiques fur
ce fujet. La premiere fe tint le Mercredy 21.
May, où fe trouverent non feulement les plus
confiderables Marchands de la ville, mais mefme quantité de perfonnes de toutes fortes de
qualitez, & entr'autres le fieur Berryer Secretaire du Roy & de fes Confeils, qui s'eft toû-
jours depuis employé avec un zele & une affi-
duité infatigables pour l'avancement de la
Compagnie. On y commença à lire les avis &
les propofitions de plufieuts particuliers , &
on les examina en fuite avec beaucoup de liberté & d'exactitude. Il fe tint encore une autre affemblée le vingt-quatriéme du mefme
mois, & une troifiéme deux jours aprés, dans
laquelle toute la Compagnie eftant demeurée
d'accord des demandes que l'on devoit faire à

III.

sa Majesté , elles furent redigées en forme de requeste sous 40. chefs ou articles , avec ce titre. *Articles & conditions sous lesquelles les Marchands negocians du Royaume , supplient tres-humblement le Roy de leur accorder sa Declaration & les graces y contenues , pour l'establissement d'une Compagnie pour le Commerce des Indes Orientales.* En

IV. mesme temps il fut resolu , que neuf de la Compagnie seroient deputez pour aller presenter ces articles à sa Majesté , qui estoit pour lors à Fontaine-bleau , & que l'on partiroit le Mercredy suivant 28. du mesme mois. M. Berryer s'offrit de les y conduire, & les Deputez estoient, les sieurs, Poquelin, Maillet, le Brun, Faveroles, Cadeau, Sanson, Simonet, Iabac, & Scot. Sur le chemin , ils apprirent par une lettre de Monsieur Colbert , escrite à M. Berryer , que le Roy pour leur témoigner combien leur deputation luy estoit agreable , avoit donné ordre qu'ils fussent logez à Fontaine-bleau par les Mareschaux des logis de sa Maison , & traitez par ses Officiers pendant tout leur sejour. Dés le soir mesme qu'ils furent arrivez , ils allerent salüer Monsieur Colbert , pour le prier de les vouloir presenter à sa Majesté , & de vouloir appuyer leurs demandes de sa recommandation. Il les receut avec beaucoup de bonté , & leur témoigna la joye qu'il avoit de voir avancer un

deſſein dont il prevoyoit des ſuites ſi avantageuſes pour la gloire du Roy, & pour le bien
du Peuple. Le lendemain matin il les conduiſit
à l'Audience de ſa Majeſté, qui les receut'dans
ſon grand Cabinet. Le ſieur Maillet qui por-
toit la parole, voulut parler à genoux, mais le
Roy le fit relever, & il parla debout. Il repreſen-
ta d'abord les utilitez de la Navigation, & des
voyages de long cours, qui ſont les ſeuls in-
ſtrumens du grand Commerce. Il fit voir en
ſuite l'honneur'qu'il y avoit à eſperer pour la
France dans une ſemblable entrepriſe, & ad-
jouſta, qu'ayant ſceu que ſa Majeſté avoit pour
agreable que ſes Sujets s'uniſſent, & s'aſſociaſ-
ſent pour ces voyages, ils eſtoient venus luy
preſenter quelques articles touchant l'eſtabliſſement d'une Compagnie pour le Commerce des
Indes Orientales, & pour la ſupplier tres-humblement, de leur vouloir accorder les graces & les
privileges qu'ils luy demandoient pour cette
Compagnie. Et en meſme temps il remit entre
les mains de ſa Majeſté, le cahier qui conte-
noit leurs demandes. Le Roy leur fit reſponſe, Qu'il eſtoit fort aiſe de les voir dans cette reſolution ; qu'ils pouvoient s'aſſeurer de ſa protection en toutes ſortes de rencontres ; & que
pour leur témoigner combien il affectionnoit
cette affaire, il alloit faire examiner leurs Ar-

V.

ticles en son Conseil, & qu'ils sçauroient sa volonté dés le jour mesme. En suite de cette Au-
diance ils furent traitez magnifiquement par
les Officiers de sa Majesté; Et Monsieur le Duc
de S. Aignan, Monsieur le Comte de Bethune,
& Monsieur le Marquis de Vardes se trouverent à disner avec eux par ordre du Roy. L'a-
présdinée ils furent avertis de se rendre à l'appartement de Monsieur le Mareschal de Ville-
roy, qui les y attendoit avec Monsieur d'Ali-
gre. Monsieur Colbert s'y rendit pareillement,
qui estoit chargé de leur cahier répondu de la
propre main de sa Majesté, article par article.
Il le releut d'un bout à l'autre, & leur expliqua
les difficultez que sa Majesté avoit faites sur
quelques-unes de leurs demandes. Aprés cela
le cahier fut remis entre les mains du sieur Berryer qui estoit present, & la Compagnie s'e-
stant levée, comme les deputez jugerent que
rien ne les arrestoit plus à Fontaine bleau , &
qu'ils pouvoient partir le lendemain , ils prie-
rent de nouveau Monsieur Colbert de leur pro-
curer l'honneur de saluër encore une fois sa
Majesté, pour la remercier des graces qu'elle
leur avoit faites ; Ce qui fut receu du Roy avec
cette douceur auguste , & cette gravité char-
mante, qui le rendent Maistre absolu des cœurs
de tous ceux qui ont le bonheur de l'approcher.

Il

Il les affeura de nouveau de fa protection, &
les exhorta de preffer le plus qu'ils pourroient
l'execution d'un fi grand deffein. Le lendemain
ils partirent de Fontaine-bleau, & arriverent à
Paris le jour mefme. L'Affemblée fut convoquée au Ieudy fuivant cinquiéme iour de Iuin,
en laquelle il fe trouva plus de trois cens perfonnes, à qui on fit le recit de tout ce qui s'e-
ftoit paffé dans la deputation, & on leut en fuite les Articles, avec les Apoftilles en marge efcrites de la propre main de fa Majefté; Ce qui
toucha tellement tous les affiftans, que la pluf-
part d'entr'eux fignerent fur l'heure mefme leur
engagement à la Compagnie, fans fpecifier
neantmoins les fommes pour lefquelles ils s'y
intereffoient, chacun ayant du temps pour fe
refoudre fur ce fujet. Alors, pour commencer à
donner quelque regle à la Compagnie, qui juf-
ques-là avoit efté libre & ouverte à tout le
monde, on nomma douze Syndics, qui atten- VI.
dant qu'elle feroit entierement achevée, & que
l'on auroit efleû les vingt & vn Directeurs dans
les formes prefcrites par les Articles, auroient
foin par provifion de toutes les chofes qui pourroient contribuer à l'avancement de la Compagnie. Ces douze Syndics furent choifis du
Corps des Marchands, & furent les mefmes
que les Deputez; horfinis deux, qui s'en excu-

ferent, tellement qu'il y en eut cinq adjouſtez
aux ſept reſtans, ſçavoir les ſieurs Raboüin,
l'Anglois, de Faye, Chanlatte, de Varennes.

II.   La Compagnie des Indes Orientales ayant
receu cette premiere forme, les Syndics commencerent à travailler avec ſoin à ſon eſtabliſſement, & propoſerent ſur l'heure meſme de
s'aſſembler tous les jours. Dés le lendemain ils
reſolurent que l'on envoyeroit inceſſamment
pluſieurs copies imprimées des Articles aux
Maires & Eſchevins des principales Villes du
Royaume, afin qu'ils en donnaſſent avis à tous
les Marchands & Negocians de leurs quartiers!
Qu'on les prieroit de faire reſponſe à la Compagnie, & de l'advertir non ſeulement de tout
ce qui auroit eſté arreſté dans leurs Aſſemblées,
mais meſmes, des differentes diſpoſitions dans
leſquelles ils trouveroient ceux qui y auroient
aſſiſté. Pour cela ils jugerent qu'il leur ſeroit
neceſſaire d'avoir des lettres du Roy pour ces
Maires & Eſchevins, afin d'authoriſer leurs
aſſemblées, & de les obliger d'y apporter plus
de diligence. Ils écrivirent ſur ce ſujet à la Cour,
& à quelques jours de là ils receurent cent dix-
neuf Lettres de Cachet, addreſſées aux Maires
& Eſchevins des principales Villes du Royaume en faveur de la Compagnie, & pour ex-

horter les Particuliers de s'y intereſſer. Toutes
ces Lettres eſtoient ſemblables, & horſmis le
changement de l'addreſſe eſtoient en ces termes.

DE PAR LE ROY.

CHERS & bien Amez, ayant conſideré « VII
que rien ne pouvoit eſtre plus avantageux «
aux peuples que Dieu a ſoumis à noſtre obeïſ- «
ſance, ni plus capable de leur faire gouſter l'ai- «
ſe & le repos que nous leur avons acquis par «
la Paix que le reſtabliſſement du Commerce «
au dehors de noſtre Royaume, par le moyen «
duquel ſeul l'abondance de toutes choſes peut «
y eſtre attirée & ſe reſpandre ſur le general, «
& ſur les particuliers, qui auront plus de faci- «
lité par ce moyen à ſe defaire des denrées qui «
y croiſſent, & qui ne s'y peuvent conſumer, & «
à debiter les manufactures qui s'y font, la «
quantité deſquelles eſtant augmentée par le «
trafic, donnera matiere d'employ à une infi- «
nité de perſonnes de tous âges & de tout ſexe; «
Nous avons pris reſolution d'eſtablir une «
Compagnie puiſſante pour faire le Commerce «
des Indes Orientales; Ce qui eſtant venu à la «
connoiſſance des Marchands Negocians de «
noſtre bonne Ville de Paris, ils ont de noſtre «
conſentement & avec noſtre permiſſion tenu «

„ diverſes Aſſemblées, dans leſquelles aprés avoir
„ examiné les graces & les avantages qu'ils pou-
„ voient attendre de nous, & qu'ils ont jugez
„ neceſſaires pour affermir cet eſtabliſſement, &
„ pour convier plus de perſonnes à s'y intereſſer,
„ ils ont dreſſé des Articles le 26. du mois de May
„ dernier, leſquels ils nous ont fait preſenter par
„ quelques-uns d'entr'eux, qu'ils ont envoyez
„ exprés en ce lieu ; Et comme nous avons eſté
„ bien aiſes de rencontrer une occaſion ſi favo-
„ rable, pour donner à nos Sujets des marques
„ de noſtre affection & de l'amour que nous leur
„ portons, nous avons bien volontiers accordé
„ les demandes contenües dans leſdits Articles,
„ ſans conſiderer en aucune maniere la diminu-
„ tion qu'elles apportent à nos droits & aux re-
„ venüs ordinaires de nos fermes, ce qu'il vous
„ ſera facile de connoiſtre par la lecture deſdits
„ Articles & des reſponſes que nous y avons don-
„ nées, dont nous vous envoyons copie ; Et nous
„ avons bien voulu les accompagner de cette let-
„ tre, pour vous dire que noſtre intention eſt,
„ qu'incontinent que vous l'aurez receüe, & cel-
„ le qui vous ſera addreſſée de la part des Syn-
„ dics du Commerce des Indes Orientales, vous
„ ayez à faire faire une Aſſemblée generale des
„ habitans de noſtre Ville de . . . . de toutes
„ conditions ; Qu'en icelle vous faſſiez lecture

defdits Articles, & de nos refponfes fur iceux, «
& falliez connoiftre à tous nos Sujets qui s'y «
trouveront, que comme nous n'avons rien plus «
à cœur que l'eftabliffement de cette Compa- «
gnie, nous nous porterons avec un foin & une «
application finguliere à la proteger en toutes «
occafions ; Et d'autant que dans noftredite vil- «
le de Paris, ceux qui ont eu deffein d'entrer «
dans ladite Compagnie, & qui font defia plus «
de trois cens de tous ordres, ont figné au bas «
de la Copie defdits Articles, Nous defirons que «
vous en falliez faire une copie en papier, pour «
recevoir toutes les fignatures de ceux qui vou- «
dront s'affocier & s'intereffer en ladite Com- «
pagnie. Qu'en fuite vous donniez part aux Syn- «
dics d'icelle en noftredite Ville de Paris, de ceux «
qui auront figné, & que vous informiez le fieur «
Colbert Confeiller en noftre Confeil Royal, «
& Intendant de nos Finances, de tout ce qui «
fe fera paffé dans cette Affemblée, en laquelle «
nous vous recommandons de ne rien obmettre «
de ce qui dependra de vous, pour faire con- «
noiftre à un chacun l'utilité & l'avantage de «
cet eftabliffement, pour tous ceux qui s'y in- «
terefferont. N'y faites donc faute, car tel eft «
noftre plaifir. Donné à Fontaine-bleau le 13. «
jour de Iuin 1664 Signé L O V I S, & plus bas. «
LE TELLIER. «

B iij

Les Syndics prirent le foin de faire tenir ces lettres, avec une copie des Articles collationnée, à laquelle ils joignirent auffi un exemplaire du livre intitulé, *Difcours d'un fidele Sujet du Roy*, *&c.* Ils y adjoufterent encore une lettre de leur part aux mefmes Maires & Efchevins des Villes, que voicy.

MESSIEVRS,

» Le Roy ayant defiré que tous les Negocians
» de fon Royaume formaffent une Compagnie
» pour le Commerce des Indes Orientales, ceux
» de cette Ville de Paris fe font affemblez à di-
» verfes fois pour refoudre les moyens de parve-
» nir à une fi glorieufe, & fi utile Entreprife ; Et
» aprés plufieurs Conferences, ils ont dreffé les
» Articles cy-joints, contenans plufieurs deman-
» des qu'ils devoient faire à fa Majefté ; Et pour
» les prefenter ils deputerent les Sieurs Poque-
» lin, Maillet, le Brun, de Faveroles, Cadeau,
» Sanfon, Symonet, Iabac, & Scot, defquels fa
» Majefté a bien voulu les recevoir, & leur don-
» ner en fuite fon approbation, par les Apoftil-
» les qu'elle a mifes fur chacun, de fa main propre.
» Nous ne vous difons point maintenant, que
» fa Majefté a encore receu ces Deputez avec

une tendreſſe & des honneurs au delà de tout «
exemple, vous apprendrez aſſez ces particula- «
ritez par la voix publique. Il ſuffira de vous «
marquer, qu'à leur retour, pour accelerer le «
ſuccés de cette affaire, il s'eſt tenu une Aſſem- «
blée tres-nombreuſe, dans laquelle pluſieurs «
notables Marchands & Negocians ont ſigné au «
pied des Articles, pour teſmoigner qu'ils ſe «
vouloient intereſſer dans la Compagnie, ce qui «
a eſté ſuivi par beaucoup de perſonnes de hau- «
te condition, tant d'Eſpée que de Robe, & de «
pluſieurs Officiers des Finances, qui ſe ſont «
tous engagez pour des ſommes tres-notables; «
En ſuite de quoy la meſme Aſſemblée nous a «
fait l'honneur de nous eſlire au nombre de dou- «
ze, pour eſtre Syndics & avoir ſoin des affaires «
de la Compagnie, attendant l'eſlection des Dire- «
cteurs. En cette qualité, MESSIEVRS, nous vous «
prions de convoquer une Aſſemblée de tous les «
habitans de voſtre ville, pour les informer de «
l'eſtat de cette affaire, de l'avantage qui en «
proviendra, & des intentions du Roy ſur ce «
ſujet, qui vous ſeront connües par la lettre que «
ſa Majeſté vous en eſcrit. Prenez s'il vous plaiſt «
la peine de nous faire ſçavoir ceux qui vou- «
dront y prendre part, & de nous en envoyer «
les noms. Nous ne doutons point que le nom- «
bre n'en ſoit tres-grand, ſi l'on conſidere que «

" l'avantage & l'intereſt particulier de ceux qui
" y entreront, la gloire de l'Eſtat, & le bien de
" la Religion concourent tous dans cette Entre-
" priſe. Nous ſommes,

MESSIEVRS,

Vos tres-humbles & tres-obeiſſans
Serviteurs

LES SYNDICS DE LA COMPAGNIE DES INDES
ORIENTALES.

IX.   Tandis que ces lettres ſe diſperſoient par
toute la France, & excitoient fortement les
Peuples à entrer dans cette ſocieté, & à fournir le fonds qui devoit eſtre le principal reſ-
ſort de cette grande machine, les Syndics
commencerent à travailler ſerieuſement aux
preparatifs d'vne flotte, pour envoyer à l'Iſle
de Madagaſcar, ou de Saint Laurens. Cette Iſle
qui n'a pas moins de ſept à huit cens lieües de
tour, & qui eſt poſſedée par les François ſeuls,
fut conſiderée par la Compagnie comme un
lieu propre à y faire un puiſſant eſtabliſſement,
tant pour la fertilité du pays, & les richeſſes
qu'elle renferme en ſoy-meſme, que pour la
commodité de l'entrepoſt, ſoit en allant, ſoit
en retournant des Indes. Elle en avoit demandé

dé au Roy le don par les Articles qu'elle luy
avoit presentez, & elle resolut de commencer
par là son grand Commerce. On se mit donc
en peine d'avoir des Vaisseaux pour y envoyer
au pluftoft. Sur cela, les uns proposerent d'en faire baftir en France ; D'autres dirent qu'il coufte-
roit beaucoup moins d'en acheter en Hollande ;
Mais les plus intelligens fouftinrent, que les
baftimens qui se feroient en France, revien-
droient non seulement à meilleur marché, mais
seroient incomparablement meilleurs, à cause
que le bois de France vaut beaucoup mieux
que celuy du Nort ; Et quelques-uns adjoufterent, que quand toutes ces confiderations cefle-
roient, il ne faudroit pas laifler de faire baftir
dans nos Ports, & qu'il feroit eftrange maintenant que toute la France reprend courage sur
la matiere du Commerce, & qu'une des principales intentions du Roy eft de reftablir les belles Manufactures, que la negligence ou la mi-
fere des peuples a laiffé perir durant la lon-
gueur de la guerre, on ne s'efforçaft pas d'au-
gmenter & de perfectionner un des Arts des
plus neceffaires, qui eft celuy de baftir des Vaiffeaux, puifque c'eft le fondement de la Navigation, & la condition fans laquelle il eft
impoffible de negocier dans les pays eftrangers,
& d'eftre puiffant fur Mer.

X.

Cependant, comme il n'eſtoit pas poſſible de faire baſtir des Vaiſſeaux pour partir auſſi promptement qu'on le deſiroit, il fut reſolu qu'on en acheteroit, ſoit en France, ſoit en Hollande, ce qu'on en auroit de beſoin, tant pour le premier armement, que pour le ſecond, qui devoit ſuivre incontinent aprés. Ainſi en peu de temps la Compagnie acheta trois Vaiſſeaux, du port de trois à quatre cens tonneaux chacun, qui ſe trouverent à vendre en trois differentes villes de France. Vn à Saint Malo, appellé la Vierge de bon port. Vn autre à la Rochelle, nommé le Taureau. Le troiſiéme au Havre de Grace, nommé le Saint Paul, & cela, ſans compter une petite Galiote de 70. à 80. tonneaux, nommée l'Aigle blanc, qui ſe trouva auſſi à vendre à la Rochelle. La Compagnie donna ordre tout d'un temps de faire les diligences neceſſaires pour mettre ces Vaiſſeaux au meilleur eſtat qu'il ſeroit poſſible, & pour cet effet de les faire doubler & radouber, & de les garnir de victuailles neceſſaires, en ſorte qu'ils pûſſent faire voile ſur la fin de l'année. On deputa meſmeun des Syndics pour ſe tranſporter au Havre, afin de faire travailler promptement & exactement au doublage de la Fregatte nommée le Saint Paul, qui devoit eſtre l'Admiral de cette petite flotte.

En ce temps là mefme , un vaiffeau venant   XI.
de l'Ifle de Madagafcar, eftoit arrivé en Bretagne au Port Loüis. Ce Vaiffeau qui appartenoit au Marefchal de la Meilleraye , eftoit
parti de la riviere de Nantes le 29. May 1663.
pour aller en cette Ifle, & aprés avoir fait heureufement fon voyage , eftoit revenu dans le
port Loüis le 18. May 1664. n'ayant employé
que onze mois & vingt jours, depuis fon depart jufques à fon retour. Il eftoit chargé de
quantité de Cuirs, de Cire, & de bois d'Ebene;
Il avoit apporté auffi quelques Pierreries , & de
tous les hommes qu'il avoit ramenez, il n'en
eftoit mort qu'un feul. C'eftoit une affez heu-
reufe avanture pour la Compagnie, que de rencontrer des gens qui revenoient du lieu mefme
où elle pretendoit s'eftablir, & le defir d'en apprendre des nouvelles fi fraifches & fi certaines,
fit penfer aux Syndics qu'il leur importoit extremement de pouvoir conferer avec quelqu'un
d'eux. Le fieur de Quercadiou qui avoit commandé ce Vaiffeau, fe rendit à Paris à leur prie-
re. Il leur apprit l'eftat prefent de cette Ifle,
des Forts, & des habitations que nous y avons,
& conceut de fi grandes efperances de l'eftabliffement qu'on y va faire, que fur la propo-
fition qu'on luy fit de prendre parti avec la
Compagnie, en qualité de Capitaine d'vn des

quatre vaiffeaux, il s'y engagea volontiers, &
on luy donna la conduite de celuy qui avoit
efté acheté à la Rochelle, & qui devoit eftre
le Vice-admiral.

XII.   Le grand nombre des affaires infeparables
d'une entreprife fi vafte, obligea les Syndics
de diftribüer entr'eux les emplois. Les uns prirent la charge des Vaiffeaux, des achapts & des
baftimens qu'il en faudroit faire. Les autres
d'acheter toutes les Marchandifes, Vftanciles,
Meubles, & autres chofes neceffaires pour envoyer dans l'Ifle. D'autres prirent le foin de
choifir les Preftres & Miffionnaires qu'on a-
voit refolu d'y faire paffer; de choifir les gens
qui devoient compofer le Confeil; de dreffer les
reglemens qui devoient s'obferver fur les lieux;
d'arrefter les Officiers, les Soldats, & les Ouvriers
de toutes fortes pour y demeurer. D'autres prirent le foin du Bureau, de faire dreffer les livres
& Efcritures; de recevoir l'argent des Intereffez; de voir toutes les dépefches, & de les diftribuer aux Syndics à chacun felon fon employ;
de dreffer les Memoires & Inftructions pour les
Officiers, Capitaines & Marchands qui iront
aux Indes. Et encore que par ce moyen chacun des Syndics fuft prepofé fur une certaine
nature d'affaires, neantmoins elles devoient,

aprés avoir esté examinées & digerées en particulier, estre encore rapportées en pleine Assemblée, avant que d'estre entierement arrestées &
resoliies.

La Compagnie fit aussi quelques Reglemens pour estre observez dans ses Assemblées,
afin d'en bannir la confusion & la jalousie.
Ansi il fut ordonné, Que les seances se pren-
droient sans distinction ; Que quand il y auroit
diverses matieres sur le Bureau, celuy qui presideroit feroit choix de celle qu'il faudroit agi-
ter la premiere ; Que dans les affaires ordinaires
la pluralité des voix l'emporteroit, mais que
dans celles de grande consequence, il en faudroit les deux tiers ; Que nulle affaire ne pourroit estre deliberée qu'il n'y eust du moins sept
Syndics dans le Bureau, & quelques autres reglemens de cette nature.

Tandis qu'on deliberoit sur ces matieres, on XIII
mit aussi en question quelles armes la Compagnie prendroit pour mettre sur son Sceau, &
aprés avoir escouté plusieurs avis differens, enfin on se determina à prendre un globe d'azur
chargé d'une Fleur de lys d'or, avec ces mots,
FLOREBO QVOCVNQVE FERAR, & pour
supports deux figures, l'une representant la Paix,
& l'autre l'Abondance. On fit faire des sceaux

C iij

& des cachets de cette façon. Il fut refolu en
mefme temps que fur la porte de la Maifon où
la Compagnie s'affemble tous les jours, on feroit graver fur une table de Marbre noir ces
mots. COMPAGNIE DES INDES ORIEN-
TALES.

La Compagnie arrefta auffi quelques Officiers pour le fervice du Bureau. Elle nomma
un Caiffier pour recevoir l'argent des Intereffez, un homme pour tenir les liures du Negoce, & un Secretaire pour tenir le livre des Deliberations, figner toutes les dépefches, & expeditions de la Compagnie. Il fut alors refolu qu'il y auroit quatre clefs de la grande Caiffe
de referve, où tout l'argent de la Compagnie
feroit gardé, trois defquelles feroient tenües,
chacune par un Syndic, & la quatriéme par le
Caiffier.

XIV.   Tous ces ordres qui regardent la police de
la Compagnie ayant efté eftablis, on commença à preffer le premier Armement. On refolut
donc d'arrefter les Ouvriers neceffaires pour faire
paffer dans l'Ifle, & pour en trouver le nombre
qu'il falloit, on mit des affiches dans toutes
les rües de Paris, afin d'apprendre aux Artifans,
les privileges que le Roy avoit accordez à ceux
qui s'iroient habituer dans l'Ifle, & qui y de-

meureroient un temps prefix ; & ces affiches
estoient en ces termes.

La Compagnie des Indes Orientales fait a- "
vertir tous les Artisans & gens de mestier Fran- "
çois, qui voudront aller demeurer dans l'Isle "
de Madagascar, & dans toutes les Indes, qu'el- "
le leur donnera le moyen de gagner leur vie "
fort honnestement, & des appointemens & sa- "
laires raisonnables ; Et que s'il y en a qui veüil- "
lent y demeurer huit ans, sa Majesté veut bien "
leur accorder d'estre Maistres de chef-d'œuvre "
dans toutes les villes du Royaume de France "
où ils voudront s'establir, sans en excepter au- "
cune, & sans payer aucune chose. Ceux qui "
seront dans cette resolution, se presenteront à "
la maison de la Compagnie. "

Les Syndics adjousterent depuis plusieurs
autres avantages en faveur de ceux qui pren-
droient parti avec la Compagnie ; Car il fut resolu qu'on leur donneroit des gages durant le
temps de leur service, qui ne seroit que de cinq
ans à l'esgard de la Compagnie. Qu'ils seroient
passez dans l'Isle, & repassez en France, aux
frais & despens de la Compagnie, qui les nour-
riroit aussi sur les lieux durant tout le temps
de leur engagement. Que leurs gages seroient

payez, moitié dans l'Ifle en marchandifes du Magazin, & l'autre moitié en France. Et que du moment qu'ils feroient arreftez, il leur fe-roit payé deux mois d'avance fur leurs gages, foit en argent comptant, foit en habits.

Des conditions fi avantageufes leur attire-rent un fi grand nombre d'Ouvriers & d'Arti-fans de toutes fortes, qu'ils n'eurent que la peine de choifir, & plufieurs qui ne s'eftoient pas affez-toft declarez, eurent le regret de fe voir refufez, ou d'eftre remis à l'embarque-ment fuivant.

La Compagnie engagea auffi plufieurs Offi-ciers, tant pour commander fur les Vaiffeaux, que pour commander les troupes dans l'Ifle. Et ce fut une des conditions expreffes de l'en-gagement de tous les Capitaines des Vaiffeaux, de ne pouvoir porter aucune Marchandife dans leur bord, pour leur compte, ni pour autrui ; ni de faire aucun Commerce que pour la Compa-gnie.

XV.   Alors on commença à recevoir les refpon-fes de la plufpart des Villes du Royaume, qui firent connoiftre à la Compagnie, que les Peu-ples avoient appris avec beaucoup de joye les nouvelles de fon eftabliffement. Il n'y en eut

pas.

pas une qui n'aſſeuraſt que ſes habitans s'y in-
tereſſeroient pour le plus qu'il ſeroit en leur
puiſſance, chacun jugeant bien qu'il n'eſtoit
pas poſſible de faire un meilleur employ de
ſon argent. Les plus conſiderables envoyerent
des Deputez à la Compagnie, qui s'y rendirent en differens temps. Roüen, Nantes, Saint
Malo, Marſeille, Lyon, le Havro de Grace,
furent de ce nombre.

Cependant les Intereſſez de l'ancienne Com- XVI.
pagnie de Madagaſcar, jugeant que ce nouvel
eſtabliſſement faiſoit prejudice à leur Octroy,
dont ils avoient encore deux ou trois ans à
joüir, firent tenir à la Compagnie un Memoire de leurs pretenſions. On deputa quatre
Syndics pour conferer avec eux ; & quoy
qu'au commencement ils demandaſſent juſqu'à
ſoixante & dix mille livres de dédommage-
ment, on leur fit voir qu'il y avoit peu d'ap-
parence à de ſemblables demandes, & l'affaire
fut ménagée en telle ſorte, qu'on les fit con-
deſcendre à ſe contenter d'une part de vingt
mille livres dans le fonds de la Compagnie, les
profits de laquelle ſeroient à l'avenir partagez entr'eux, à proportion de ce qui leur appartenoit à chacun.

XVII. Ce n'eſtoit rien fait encore, que d'avoir ter-
miné cette affaire. Monſieur le Duc Mazarin
avoit auſſi des pretenſions tres-conſiderables
ſur la meſme Iſle, parce que depuis ſept ou
huit ans feu Monſieur le Mareſchal de la Meilleraye ſon pere avoit preſque ſeul ſouſtenu le
Commerce des François dans ce pays-là ; Et
certes, à conſiderer ce qui s'y eſt paſſé depuis
que les François ont commencé à y naviger ; à
voir beaucoup de deſordres qui y ſont arrivez,
en partie par la mauvaiſe conduite de ceux
qu'on avoit envoyez ſur les lieux, en partie par
la foibleſſe meſme de cette ancienne Compagnie, il n'y a perſonne qui n'avoüe qu'il en falloit une nouvelle, qui ne fuſt pas moins puiſſante ni moins reglée que la noſtre, pour repa-
rer tous ces deffauts, & pour relever en meſme
temps les affaires de la Religion & du Commerce. Mais pour mieux juger de cette verité,
& des obligations infinies que les Peuples
meſmes de cette Iſle auront à l'avenir à la bonté du Roy, qui eſt le premier mobile de tout
ce deſſein, voyons en paſſant quelle a eſté la
face de l'Iſle de Saint Laurens depuis que cette
premiere Compagnie s'eſt formée.

XVIII. Les avantages evidens qui ſe rencontrent
dans le Commerce des Indes Orientales & dans

l'habitation de Madagascar, ayant fait naistre l'envie à quelques Particuliers d'entreprendre cette Navigation, ils formerent une Compagnie pour ce dessein. Cette Compagnie estoit composée de vingt-quatre parts, tellement que celuy qui y entroit pour une part, fournissoit la vingt-quatriéme partie de la despense ; & si quelqu'un y prenoit deux parts, il devoit fournir à proportion. Le Cardinal Duc de Richelieu, comme Grand Maistre, Chef & Surintendant General de la Navigation & Commerce de France, approuva cette societé, & accorda aux Interessez la permission d'envoyer en cette Isle & aux costes adjacentes, tel nombre de vaisseaux armez en Guerre & Marchandise, que bon leur sembleroit, & ce durant le temps de dix ans, sans qu'autres qu'eux pûssent faire des habitations aux mesmes pays, ni mesme aucun Commerce ; Et il leur en fit expedier ses lettres sous le nom du sieur Rigault l'un d'entr'eux, en datte du vingt-neufiesme Ianvier mil six cens quarante-deux. Cette concession leur ayant esté confirmée par Arrest du Conseil le quinziesme Fevrier de la mesme année, ils firent passer quelques François dans l'Isle de Saint Laurens pour y commencer une Colonie, sous le commandement du nommé Pronis, qui partit au mois de Mars suivant. Sept ou huit mois aprés ils firent partir un Navire commandé par le sieur Rezimont, qui porta soixante-dix passagers dans la mesme Isle, avec lesquels Pronis s'establit au lieu à qui il donna le nom de Fort Dauphin. A quelque temps de là, les Interessez de la Compagnie envoyerent encore un autre Navire commandé par le Capitaine Cormeil avec quatre-vingt-dix François, qui partirent de Diepe le vingt-cinquiéme Mars 1644. Ce Vaisseau demeura dix-sept mois en l'Isle, aprés quoy il revint en France chargé d'Ebene, de Cuirs & de Cire. Cependant Pronis s'estoit marié à une femme du pays, & les François qui n'approuvoient pas cette alliance, commencerent à murmurer contre luy. Il voulut leur repliquer par menaces, mais il n'y trouva pas son compte, & on se saisit de sa personne. Pendant que cela se passoit ainsi, la Compagnie fit partir encore un Navire avec quarante-trois passagers sous la conduite du Capitaine le Bourg. A son arrivée il trouva Pronis arresté, mais il adoucit si bien les François, qu'il les fit consentir à son restablissement. A deux ou trois mois de là, il se fit une seconde mutinerie contre Pronis, qui veritablement eut alors l'avantage, mais enfin il attira sur luy tant de haine, que presque tous les François l'abandonnerent; Et comme les Interessez

en eurent receu nouvelles, ils refolurent de le
revoquer, & d'y envoyer le fieur Flacourt, qui
partit le dix-neufiefme May 1648. avec qua-
tre-vingts paffagers, entre lefquels eftoient les
fieurs Nacquart & Gendrée, Preftres de la
Miffion, qui font les premiers Ecclefiaftiques
que cette Compagnie euft fait paffer dans
l'Ifle. Flacourt eftant arrivé au Fort n'y trouva que vingt-huit François ; le refte s'eftoit
retiré de cofté & d'autre ; Mais, fi-toft qu'ils furent avertis du depart de Pronis, qui fut ren-
voyé en France, ils fe rendirent auprés de Flacourt, qui de fon cofté fe conduifit fi prudem-
ment avec les Infulaires, pendant fix années
qu'il a demeuré en ces quartiers, qu'il engagea tous les Grands du pays à faire alliance
avec luy, & à fe declarer Sujets du Roy de
France. Cependant, comme depuis fon depart la Compagnie n'envoya aucun Vaiffeau
pour le rafraifchiffement des François qui y
eftoient, il creut que les Intereffez ne fon-
geoient plus à luy, & qu'ils avoient abandon-
né leur deffein, lors que le plus difficile eftoit
fait. Sur cette penfée il fe refolut de repaffer
en France, pour apprendre luy-mefme leurs intentions ; Ainfi le vingtiefme Decembre 1653. il
s'embarqua fur un petit Vaiffeau qu'il avoit fait
baftir dans le pays quelques années aupara-

vant, toutefois il fut contraint de regagner le
Port mefme d'où il eftoit parti, aprés avoir efté
vingt-deux jours en Mer; Et ce n'eftoit pas à
luy une petite refolution d'avoir ofé s'expofer à
la traverfe d'un fi grand efpace de Mer, fur une
barque de trente tonneaux, & où il n'y avoit
que deux Matelots capables de rendre fervice. Il
fembloit aprés cette difgrace, qu'il deuft perdre l'efperance de jamais retourner, mais enfin lors qu'il y penfoit le moins, deux Vaiffeaux
aborderent à l'Ifle, appartenans au Marefchal
de la Meillerayc, qui avoient eu ordre, en faifant leur route, de toucher à Madagafcar, &
d'offrir aux François le fecours & les rafraif-
chiffemens dont ils pourroient avoir befoin.
Ils y arriverent le onziefme Aouft 1654. &
eftoient commandez par le fieur de la Foreft. Le
fieur Bourdaife Preftre de la Miffion, qui eftoit
venu fur ces Vaiffeaux avec un autre Preftre
pour demeurer dans l'Ifle, (où il n'y avoit point
eu d'Ecclefiaftiques depuis la mort de Monfieur
Nacquart decedé en 1650.) fit tenir au fieur
Flacourt des lettres de la part de quelques-uns
des Intereffez, mais qui ne luy parloient point
des affaires de la Compagnie. Ce filence en
une occafion de cette nature luy fit prendre
une nouvelle refolution de partir, & voyant
Pronis de retour dans l'Ifle, où il eftoit reve-

nu fur l'un des deux Vaiffeaux du Marefchal
de la Meilleraye, il luy remit le commandement
du Fort Dauphin, par le confentement du fieur
de la Foreft, avec qui mefme il fit quelque
traitté, & s'embarqua le douziefme Feyrier
1655. Cependant les Intereffez avoient obtenu la continuation de leur Octroy pour quinze ans, & ils en avoient des Lettres Patentes du
quatriefme Decembre 1652. Flacourt eftant arrivé eut plufieurs conferences avec eux, mais il
n'en fortit pas avec beaucoup de fatisfaction.
Il fe plaignoit des Intereffez de l'avoir laiffé fi
long-temps dans l'Ifle fans luy envoyer de fecours, & de l'avoir reduit à la neceffité d'en
venir demander luy-mefme. Les Intereffez fe
plaignoient de luy, d'eftre reuenu fans leur
ordre, & d'avoir laiffé dans les Forts, des gens
qui ne dependoient plus d'eux, & qui eftoient
au Marefchal de la Meilleraye. Sur cela Flacourt vit auffi M. le Marefchal, qui luy fit entendre qu'il vouloit s'affocier avec les Intereffez; Et de fait en l'année 1656. il fit un traitté
avec quelques-uns d'entr'eux. Il eft vray que
cet accord ne s'eftant pas fait du confentement
de toute la Compagnie, la plus grande partie
protefta au contraire, ce qui produifit un procés entre M. le Marefchal & eux. Neantmoins
en confequence de ce traitté le Marefchal fit

equipper plufieurs Vaiffeaux, le premier defquels fe perdit dans la Riviere de Nantes, par
un accident extraordinaire ; Mais quatre autres
·qui partirent prefque en mefme temps, ache-
verent leur voyage affez heureufement, & arriverent à Madagafcar. Deux ou trois ans aprés,
les Intereffez qui s'eftoient accordez de nouveau avec le fieur Flacourt, propoferent de lo
renvoyer à l'Ifle. Il y confentit, & s'alla embarquer à Diepe fur un Vaiffeau nommé la Vierge,
avec environ deux cens perfonnes, qui mi-
rent à la voile le vingtiefme May 1660. D'a-
bord il fut obligé par le mauvais temps de
relafcher en Angleterre, d'où il ne fortit qu'au
premier jour de Iuin. Mais le dixiefme du mefme mois il fut attaqué de trois Corfaires Turcs
à quelques cent lieües de Lifbone ; & le feu s'e-
ftant pris aux poudres de fon Vaiffeau durant
le combat, il y perit, avec tout le refte de fon
equipage, à la referve de dix-fept perfonnes
que les Turcs emmenerent à Algier. Depuis ce
temps-là les Intereffez ni le Marefchal de la
Meilleraye n'ont envoyé aucun Vaiffeau à l'Ifle
que celuy du fieur de Quercadiou, dont nous
avons desja parlé. Ce Vaiffeau avoit porté entr'autres paffagers le fieur Eftienne Preftre de
la Miffion, & quelques autres Ecclefiaftiques
dont on avoit manqué en ce pays là depuis la
mort

mort du fieur Bourdaife arrivée un an ou deux
aprés que Flacourt en fut parti. On peut dire avec verité, que jamais les affaires de la Colonie n'efprouverent de plus rudes attaques,
que depuis ce temps-là ; & c'eft dequoy il
nous refte à parler. Flacourt avoit laiffé en
partant le Fort Dauphin au gouvernement du
fieur Pronis, comme nous avons remarqué ;
Mais, à peine celuy-cy en eftoit-il en poffeffion, que le feu s'y prit par accident à deux
diverfes fois, & y caufa un fi grand domma-
ge, qu'il en mourut de defplaifir. D'autre cofté
le fieur de la Foreft qui avoit commandé les
deux Vaiffeaux du Marefchal de la Meille aye,
& qui y eftoit demeuré avec un des deux,
eftant paffé en un endroit de l'Ifle où il eut
quelque démeflé avec les habitans, il y fut tué
dans un combat. Sa mort fut fort regrettée des
François, & particulierement du fieur des Pe-
riers, qui commandoit dans les Forts depuis le
decés de Pronis ; Mais ces accidens ne l'empef-
cherent pas de fouftenir hautement les interefts des François, qui s'y font tousjours depuis maintenus dans une pleine poffeffion
de leurs habitations, & de leurs Forts , quoy
que les guerres frequentes que les Naturels ont
eües entr'eux, leur ayent fouvent donné occafion d'exercer leur courage en faveur de ceux

E

qui fe font declarez Sujets de la France. C'eft
ce qui fait qu'aujourd'huy nos gens font maiftres des plus belles parties de cette Ifle, où ils
font en bon nombre, ainfi que nous l'apprenons
par les lettres tant du fieur Eftienne Preftre de
la Miffion , que du fieur de Maifon-Blanche
Lieutenant dans l'Ifle, efcrites du Fort Dauphin
le premier Ianvier 1664.　Nous fommes (dit
» l'autheur de cette derniere lettre) en un pays
» tres-beau, tres-bon, & tres-fertile; Les viandes
» y font en grande abondance, auffi bien que le
» Ris, le Vin, le Miel; mais les guerres que les Na-
» turels fe font faites ont un peu incommodé le
» pays. Cette Ifle eft auffi grande que l'Angle-
» terre & l Efcoffe, peuplée d'un nombre infini
» d'habitans, tous Negres, fort peu de blancs, en-
» core font-ils bazanez. Nous y fommes tous en
» bonne fanté, & il n'eft mort que deux perfon-
» nes en tout le voyage.

XIX.　　Or (pour venir au but principal de toute
cette reflexion) il eft certain que s'il eft arrivé
quelques defordres dans cette Colonie Françoife qui ayent nuy à fes progrés, ils viennent
particulierement de trois deffauts.

Le premier, de n'avoir pas efté rafraifchie
de temps en temps par de nouveaux paffagers
venus de France.

. Le second, de la mauvaise conduite de quelques-uns des Officiers qui ont commandé en ce pays-là.

Le troisiesme, d'avoir manqué fort long-temps d'Ecclesiastiques, pour entretenir nos gens dans les exercices de la Religion & prevenir les desbauches où ils sont quelquefois tombez.

Et tous ces trois deffauts venoient d'un principal, qui estoit le peu de force de la Compagnie, qui devoit faire agir ces gens-là, & estre le fondement de toute l'affaire. Mais la protection que le Roy accorde aujourd'huy à nostre Compagnie, & la liberalité dont il use en son endroit, nous defendent de craindre à l'avenir une fortune pareille. Le fond de la Compagnie est tel, qu'il n'y a pas lieu de se defier qu'elle manque jamais par impuissance. L'envoy continuel qu'elle fera de ses flottes dans l'Isle, luy donnera le moyen de pourvoir incessamment à toutes choses, & la mettra à couvert du premier deffaut de l'autre. Le soin qu'elle prend de choisir ses Officiers de Iustice & des armes ; les ordres precis qu'elle leur a donnez pour l'entretien d'une exacte discipline & pour la punition des crimes, nous asseurent contre le second deffaut. Enfin les Ecclesiastiques que presentement elle y envoye & ceux

qu'elle y envoyera en plus grand nombre à l'a-
venir, ne nous laiſſent rien à deſirer en ſa conduite, & nous donnent tout ſujet d'eſperer l'entiere converſion de cette grande Iſle , que la
France ne doit plus conſiderer comme une Terre eſtrangere. Ainſi l'on peut dire avec verité,
que d'entrer dans une Compagnie, qui va faire fleurir le Chriſtianiſme, dans un pays habi-
té par tant de peuples qui vivent ſans la connoiſſance du vray Dieu, c'eſt eſtre du nombre de ceux qui travaillent d'un commun ef-
fort à reſpandre la foy de l'Evangile. Car aprés
tout, encore que les guerres entre les Blancs & les
Negres, ayent fort retardé les progrés de la Religion Chreſtienne dans cette Iſle, neantmoins
nous apprenons par la lettre du ſieur Eſtienne,
que jamais il n'y eut tant de diſpoſitions favorables, pour l'y eſtablir puiſſamment.

XX. „ Si nous avons, dit-il, trouvé d'abord tant
„ d'obſtacles pour avancer les affaires de la Re-
„ ligion, il a toutesfois plû à l'infinie bonté de
„ Dieu, de lever une partie de ces obſtacles , &
„ il ſemble de jour en jour les vouloir tous oſter,
„ afin que nous ayons plus de facilité pour aſſu-
„ jettir toute cette Iſle à ſon ſervice. Quand je
„ vous auray expoſé les raiſons ſur leſquelles je
„ me fonde, je me perſuade que vous ſerez de
„ mon ſentiment.

La premiere, c'eſt que les Blancs, qui eſtoient «
les plus grands du pays, & les ſeuls ennemis de «
noſtre Religion, ayant tousjours empeſché «
que les Negres originaires du pays ne quittaſ- «
ſent leurs fauſſes ſuperſtitions dont ils eſtoient «
les autheurs, ont eſté tous exterminez & tuez en «
guerre, par ceux de leur Nation meſme, avec «
l'aide des François. «

La ſeconde, c'eſt que depuis noſtre arrivée «
on vient de toutes parts pour demander la «
paix aux Forts, laquelle Monſieur le Mareſ- «
chal de la Meilleraye a tant recommandé qu'on «
fiſt par toute l'Iſle. «

La troiſieſme, c'eſt qu'on a fait des Ordon- «
nances qui ſont fort agreables à Dieu, puiſ- «
qu'elles ſont pour tenir les François & les Na- «
turels dans une bonne diſcipline. «

La quatrieſme, c'eſt le bon exemple de «
Monſieur le Gouverneur, qui nous appuye en «
tout ce que nous faiſons pour l'avancement de «
la Religion. «

La cinquieſme, c'eſt que la Terre qui avant «
noſtre arrivée avoit ſouffert quelque ſecheref- «
ſe qui nuiſoit à ſa fertilité ordinaire, a eſté «
arroſée & humectée par de frequentes pluyes, «
qu'il a faites depuis que nous ſommes icy. Ce «
qui eſt cauſe que le Ris qu'on avoit planté eſt «
venu en abondance ; Outre que Monſieur de «

E iij

» Quercadiou en a esté traitter à Ghalemboule
» avec son Vaisseau quarante cinq tonneaux pour
» les Forts, & dix pour nous, qu'il amena le
» jour de Saint Thomas Apostre, avec de bon-
» nes nouvelles de ce pays, fertile en Miel, Cire,
» Volailles & Ris, dont il fourniroit aisément
» dix ou douze Vaisseaux, ce qui nous servira
» beaucoup lorsque les quatre que nous atten-
» dons seront icy, afin de munir les Forts & ha-
» bitations pour plusieurs années.

Et en un autre endroit.

» J'allay pendant l'Advent faire une visite
» dans quelques villages, & demeuray quelques
» jours chez Ramousse, le plus grand Seigneur
» du pays d'Anossi, qui me receut fort bien, &
» me témoigna que son cœur estoit tres-content
» d'embrasser la Religion Chrestienne, luy, sa
» femme & ses enfans qu'il me voulut donner
» à baptiser, mais je creus qu'il falloit encore
» differer jusqu'à ce qu'ils fussent plus instruits
» à nos mysteres. Ils ne manquoient pas d'assister
» à plusieurs instructions que je leur faisois en
» leur langue, que j'avois escrites en un papier
» que je leur lisois, & ils m'entendoient assez
» bien; outre que j'avois avec moy un Chrestien
» natif du pays, qui parle bon François, lequel
» suppleoit aux choses que ie ne pouvois dire, &
» & me servoit d'interprete pour respondre à tou-

tes les chofes qu'ils me propofoient. «

Leur ayant fait entendre que nous eftions «
venus de France, & que nous avions paffé tant «
de Mers pour les inftruire en la connoiffance «
du vray Dieu, ils me témoignerent nous avoir «
bien de l'obligation de tant de peines que nous «
avions prifes pour eux & qu'ils eftoient prefts «
à faire noftre volonté. Ie leur fis en fuite un «
difcours fur la Creation du Monde, dont ils «
n'ont aucune connoiffance; Mais où je m'ef- «
tendis davantage, ce fut fur l'Enfer, & fur les «
peines qu'endurent ceux qui y font detenus, «
ce qui les eftonna ; Mais leur ayant dit, que «
s'ils fe faifoient Chreftiens, & quittoient leurs «
fuperftitions, comme leurs Olis, dont je les «
voyois tous couvers, ils n'avoient que faire de «
craindre, puifque ce lieu n'eftoit que pour les «
mefchans, & pour ceux qui n'eftoient point «
baptifez; Il n'en fallut pas davantage pour leur «
faire quitter auffi-toft leurs Olis, nonobftant «
l'amour & l'attache qu'ils ont à ces petits mor- «
ceaux de bois, qu'ils croyent avoir le pouvoir «
de les conferver contre leurs ennemis, auffi «
bien que de leur donner de la pluye quand «
ils en ont befoin, afin que leurs plantages vien- «
nent bien & rapportent beaucoup. Vne des «
femmes de ce Grand me fit dire, qu'il leur «
avoit dit, qu'il n'en vouloit plus qu'une, qui «

» eſt celle qu'il aime le plus, à cauſe de ſa no-
» bleſſe & de ſon bel eſprit, car c'eſt une des
» femmes du pays, qui a le plus de conduite. Ie
» ne voulus pas toutesfois toucher ſur cette cor-
» de, remettant à luy en parler au commence-
» ment du Careſme, que j'eſpere paſſer preſque
» tout chez luy, pour le diſpoſer au Bapteſme
» avec toute ſa famille & ſes ſujets, qui ſont bien
» au nombre de quinze cens, en des Villages
» proches le ſien. Dieu nous faſſe la grace de ve-
» nir à bout de cette entrepriſe, qui attireroit
» beaucoup d'autres perſonnes à la Foy, puiſque
» de gagner un Grand en ce pays, c'eſt plus que
» ſi l'on gagnoit tous ſes ſujets, dautant que
» d'autres Grands ſuivent ſon exemple, & par
» conſequent tous ceux qui leur ſont ſoumis.
» Prenant congé de luy, il me fit quelques petits
» preſens qu'on ne peut pas refuſer, parce qu'ils
» croiroient qu'on les meſpriſe. Il me monſtra
» une maiſon qu'il faiſoit baſtir, diſoit-il, pour
» me loger quand je viendrois leur apprendre à
» prier Dieu. Il nous a depuis envoyé deux ou
» trois meſſagers, & meſme ſon fils, pour nous
» dire que la maiſon eſtoit faite, & que nous
» envoyaſſions accommoder la Chapelle, com-
» me auſſi quelqu'un pour leur apprendre à prier
» Dieu. En le quittant j'allay voir un autre Grand
» nommé Dian Ramach, qui a trois fils. Il fit

en

en peu de temps amaſſer tout ſon monde, afin «
d'eſcouter la Loy du grand Dieu, que je leur «
venois annoncer. Ils me teſmoignerent aſſez «
l'envie qu'ils avoient d'eſtre inſtruits, en oſtant «
leurs Olis, dont ils avoient quantité ſur eux. «
Ie leur promis que nous irions leur appren- «
dre à prier Dieu. Ce qu'avec l'aide du Ciel, «
nous executerons au pluſtoſt. «

Nous attendons aujourd'huy Dian Manan- «
gha, un des plus grands de toute l'Iſle, & peut- «
eſtre bien le plus bel eſprit, afin de traitter de «
paix non ſeulement pour luy, mais pour tous «
ſes voiſins. S'il vouloit ſuivre l'exemple de ſon «
fils aiſné, baptiſé par feu Monſieur Bourdaiſe, «
cela advanceroit extremement les affaires de «
la Religion, tant à cauſe que pluſieurs Grands «
feroient de meſme, que pour la connoiſſance «
de la langue qu'il nous pourroit donner, & de «
quantité de mots qu'il pourroit encore trou- «
ver pour expliquer nos Myſteres. Ie fais eſtat «
de m'en aller avec luy, lors qu'il s'en retour- «
nera, pour viſiter ſon fils & les autres Chre- «
ſtiens, & taſcheray d'eſtablir chez luy quelque «
Catechiſte, pour les faire prier ſoir & matin, «
& leur apprendre les choſes neceſſaires à ſalut. «
I'eſpere auſſi baptiſer tous les petits enfans que «
j'y rencontreray. «

F

Et ailleurs encore.

» Monſieur Manié a commencé depuis quel-
» que temps à faire aux Inſulaires le Catechiſ-
» me en leur langue, lequel il a depuis conti-
» nué avec beaucoup de zele. Il a preparé auſſi
» pendant l'Advent quatre perſonnes âgées,
» que je baptiſay fort ſolemnellement le jour de
» Noël, outre quinze ou vingt petits enfans,
» qui furent auſſi regenerez au ſaint Sacrement
» de Bapteſme.

Telles ſont les diſpoſitions preſentes de l'Iſle
de Madagaſcar, pour recevoir la Religion
Chreſtienne, que tant de pieux Eccleſiaſtiques
de noſtre Nation y ont portée les premiers, à
la gloire eternelle du nom François, ſans ſe
dégouſter des difficultez & des peines qu'il a
fallu eſſuyer dans cette ſainte entrepriſe ; Tellement que le ſieur Bourdaiſe ſeul, durant les
trois ans qu'il y a eſté, avoit desja converti
cinq ou ſix cens familles, ſelon le teſmoigna-
ge du meſme ſieur Eſtienne ; qui eſt aujour-
d'huy occupé dans cette fonction vrayment
Apoſtolique, & qui nous a donné connoiſſance de toutes ces choſes, & de pluſieurs autres
particularitez de ſon arrivée en ce pays-là, tres-
curieuſes, & qui ſont encore tres-dignes d'eſtre
ſceües.

Nous avons, dit-il, toufiours eu beau temps, « X X I
depuis la France iufqu'à la hauteur du Cap de «
bonne Efperance. Depuis, nous fouffrifmes «
deux ou trois coups de vent affez rudes , & «
nous eufmes un temps fort froid. Mais enfin, «
aprés avoir vogué heureufement pendant qua- «
tre mois entiers , nous abordafmes en cette «
Terre le vingt-neufviefme de Septembre, 1663. «
& moüillafmes l'ancre à l'Ance des Gallions, di- «
ftante d'environ dix-huit lieües du Fort Dau- «
phin, à vau le vent, ce qui ne nous réjoüiffoit «
gueres, & nous faifoit craindre que nous n'euf- «
fions bien de la peine à gagner le fort. «

Dans cette conjonéture, ie propofay à Mef- «
fieurs les Officiers, d'aller moy-mefme donner «
avis par terre à Monfieur le Gouverneur, de «
l'arrivée du Vaiffeau, afin de difpofer toutes «
les chofes neceffaires pour la fubfiftance de «
cent quatre-vingt perfonnes que nous eftions «
à bord, & ces Meffieurs l'ayans trouvé bon , «
ie partis avec Monfieur Manié , & quelques «
Domeftiques & Soldats. Nous voila donc à «
terre au nombre de dix-fept perfonnes, fans «
autre guide, aprés Dieu, qu'une Bouffole, «
dans des chemins affez difficiles, puifque nous «
eftions contraints le plus fouvent de couper «
ou de rompre les branches pour nous faire «
paffage. Le vent eftant devenu meilleur, nous «

» viſmes de loin le vaiſſeau à la voile, de façon
» qu'il nous eſtoit force de paſſer outre. Enfin,
» aprés deux jours Dieu permit que nous ren-
» contraſſions des Negres, qui nous dirent que
» Monſieur le Gouverneur eſtoit pour lors au
» Fort d'Imours en parfaite ſanté, avec bon
» nombre de François; Que ſon Lieutenant ayant
» eu avis qu'il y avoit un Vaiſſeau à la coſte,
» eſtoit venu ſçavoir quel il eſtoit, & qu'ayant
» appris qu'il appartenoit à Monſieur le Mareſ-
» chal de la Meilleraye, il eſtoit allé à bord. Nous
» fuſmes conduits par ces Negres à un Village
» diſtant du Fort Dauphin d'environ ſept lieuës,
» où Ramouſſé, un des plus grands de l'Iſle, vint
» au devant de nous, & nous receut avec toutes
» les courtoiſies poſſibles, faiſant tuer un veau
» gras, & nous donnant ce qu'il avoit de meil-
» leur. Ce nous fut une joye incroyable de nous
» voir parmi nos amis, & ſi proches de la de-
» meure où nous ſouhaittions ſi ardemment de
» nous rendre. Ainſi toutes les fatigues que
» nous avions ſouffertes pendant ces deux
» jours, eſtans bien-toſt oubliées, nous nous
» miſmes en chemin dés le lendemain. Ramouſ-
» ſé voulut nous accompagner avec quantité de
» Negres, & aprés avoir fait une lieuë, nous en-
» tendiſmes tirer quelques coups de fuſil. On
» nous dit que c'eſtoit des François qui eſtoient

dans un Village voifin. Nous leur fifmes ref- «
ponfe avec le bruit des mefmes armes, & ils «
nous envoyerent prier auffi-toft de venir re- «
pofer chez eux. Nous les en remerciafmes avec «
affection, parce que nous n'avions pas plus de «
temps qu'il ne nous en falloit pour arriver ce «
jour là au Fort d'Imours. Mais eux ayant fçeu «
que nous eftions Preftres de la Congregation «
de la Miffion, ils vinrent nous falüer, & il s'en «
rencontra un parmi eux, qui avoit efté dome- «
ftique de feu Monfieur Bourdaife, ce qui aug- «
menta encore noftre joye. Enfin, nous arrivaf- «
mes fur le foir au Fort d'Imours, & Monfieur «
le Gouverneur avec une partie des François, «
nous receut, non feulement avec beaucoup «
d'honneur, & avec une falve de toute l'artil- «
lerie, mais encore avec toutes les demonftra- «
tions poffibles d'un contentement extrefme, «
de voir des Preftres qu'ils avoient tant defirez. «

Aprés avoir repofé un jour à Imours, nous «
nous en allafmes avec Monfieur le Gouver- «
neur au Fort Dauphin, où il fait fa refidence «
ordinaire, & où viennent mouïller les Vaif- «
feaux. Nous y trouvafmes le noftre qui avoit «
ancré le foir precedent. «

Deflors que nous fufmes entrez dans le Fort «XX
Dauphin, nous allafmes à la Chapelle faire nos «
prieres, & aprés avoir pris un Surpelis, j'ou- «

F iij

» vris le Tabernacle, & trouvay dans un Ciboi-
» quatre Hosties, qui y estoient depuis prés de
» sept ans, & qui sembloient n'y avoir esté mi-
» ses que le jour precedent ; Ce qui me causa une
» grande ioye, & me donna sujet de dire aux as-
» sistans, que je ne m'estonnois pas s'ils avoient
» esté preservez jusqu'à present de tous les acci-
» dens qui leur pouvoient estre arrivez dans cet-
» te Terre, puisqu'ils avoient eu le saint Sacre-
» ment avec eux, & qu'ils l'avoient tousjours hon-
» noré comme ils devoient. Et de fait (conti-
» nüe-t-il) pendant les six ans & demi que les
» François n'ont point eu de Prestres , la plus-
» part d'entr'eux n'ont pas laissé de faire leurs
» prieres soir & matin devant ce Tabernacle où
» estoit le saint Sacrement , & ont eu soin d'y
» entretenir jour & nuit des cierges allumez.

Voilà ce qu'il dit, & ce sont là les plus re-
centes nouvelles que l'on aye de l'Isle de Madagascar.

Au reste, il témoigne en plus d'un endroit
de sa lettre, qu'on attendoit dans l'Isle quatre Vaisseaux que Monsieur le Mareschal de la
Meilleraye avoit promis d'y envoyer ; Mais il
se trouvera heureusement trompé , d'en voir
arriver quatre autres de nostre nouvelle Com-

pagnie, fur lefquels il trouvera fix Preftres de
fes confreres, qui luy apprendront que dans
peu il doit venir encore un plus grand nombre d'Ecclefiaftiques, & d'habitans, pour travailler utilement à la propagation de la Foy,
& au reftabliffement de la Paix, qu'il nous dit
leur avoir efté fi fort recommandée par feu
Monfieur le Marefchal de la Meilleraye. Certes, une intention fi loüable & fi fainte, n'auroit pas manqué de luy produire quelque heureux evenement, qui l'auroit récompenfé de
toutes les pertes qu'il avoit effuyées dans fes
premiers armemens, & qui n'ont pas laiffé d'e-
ftre fort utiles à la Colonie. C'eft pourquoy,
fans entrer maintenant en difcuffion du droit
de Monfieur le Marefchal, il n'y a pas de dou-
te que les defpenfes qu'il avoit faites en vaiffeaux, & en hommes, pour envoyer dans le
pays, & qui ont fi fort contribué à maintenir
les François dans ce pofte durant l'abandonne-
ment de la premiere Compagnie, que la mort,
& la perte du Vaiffeau, de Flacourt, & la fin
prochaine de leur Octroy avoient achevé de
dégouter, luy pouvoient tenir lieu de Tiltre,
quand il n'en auroit point eu d'autre pour op-
pofer à tout ce que les Intereffez luy euffent
pû objecter ; Puifqu'enfin, le privilege qu'ils
avoient obtenu de cette Navigation, ne leur

avoit pas esté accordé par le Roy pour la laiſ-
ſer perir, & que celuy qui a pû empeſcher la
ruine d'une Colonie ſi conſiderable, s'eſt acquis par un ſecours ſi à propos, un droit tres-
legitime ſur la choſe dont il a deſtourné la
perte.

XXIII.   Ainſi, comme la conſervation de cette Iſle
eſt en partie un effet des ſoins de feu Monſieur
le Mareſchal de la Meilleraye, & que les Forts
qui y ſont ſe trouvent preſentement occupez
par ceux qui y ont eſté de ſa part, il eſt mani-
feſte que M. le Duc Mazarin en qualité de ſon
unique heritier, avoit beaucoup de pretenſions ſur tous ces pays, & que la Compagnie
avoit beſoin de traitter avec luy pour ce meſme
ſujet, auſſi bien qu'avec les anciens Intereſſez.
Mais comme il prenoit une part de cent mille
livres dans cette Compagnie, il luy ceda tous
ſes droits, & luy en fit une donation tres-am-
ple, à la reſerve des Meubles, Canons, & autres munitions qui ſe rencontreroient dans les
Magazins de la meſme Iſle, leſquels neantmoins
la Compagnie pourroit prendre ſuivant l'eſti-
mation qui en ſeroit faite, en deduction de la
ſomme qu'il devoit luy fournir. Et par ce
moyen la Compagnie reünit en elle toutes ces
diverſes pretenſions, & encore qu'elle pûſt s'aſſeurer

seurer de la protection Royale, & du secours de l'Authorité souveraine, elle n'a point eu besoin de s'en servir pour decider les differens qui auroient pû naistre de là, ayant eu le bonheur de terminer cette affaire à l'amiable, par la cession volontaire des anciens Interessez, & par la donation pure & simple du Duc Mazarin, qui fut accompagnée d'un engagement de cent mille livres à la Compagnie, pour lequel il luy donna sa signature.

Iusques icy les Syndics avoient receu un grand nombre de semblables signatures de toutes sortes de personnes, & pour toutes sortes de sommes, mais ils avoient touché fort peu d'argent. Le Roy qui est le vray fondateur de la Compagnie, fut aussi celuy qui commença à y envoyer la premiere somme considerable. Par le trente-troisiesme article de ceux qui avoient esté accordez à Fontainebleau, sa Majesté consentit d'avancer le cinquiesme de tout le fonds capital de la Compagnie, lequel ayant esté reglé depuis, par le quarante-cinquiesme Article de la Declaration à la somme de quinze Millions, ce font trois Millions que le Roy luy doit avancer, & prester pour dix ans sans interest, & mesme avec cette clause si avantageuse, que si à la fin de ces dix premieres

XXI

G

années, il se trouvoit par le Compte general
qui sera fait alors, que la Compagnie euft perdu quelque chose de son capital, sa Majesté
veut que toute la perte tombe sur cette somme qu'elle aura avancée. Ces trois Millions se
doivent fournir en plusieurs payemens de cent
mille escus chacun, aux termes portez par la
mesme Declaration; En telle sorte que le Roy
ayant fourni cent mille escus, il faut que
le Bureau reçoive quatre cens mille livres
de la part des autres Interessez, avant que
le Roy envoye le second payement de cent
mille escus; lequel estant fait, il faut qu'il
soit encore payé quatre cens mille livres de
la part des autres Interessez, avant que le
Roy fournisse le troisiesme payement de cent
mille escus, & ainsi de suitte. En execution
de cette parole, le Roy donna les ordres necessaires pour faire payer les premiers cent mille
escus, & l'ordonnance de comptant, signée
de la propre main du Roy, fut apportée au Bureau, afin de tenir prests les actes qu'il falloit
fournir au Garde du Thresor Royal pour sa
descharge. La Compagnie voulut que l'Ordonnance toute entiere fust transcrite dans
ses Registres, comme un tesmoignage glorieux
de la bonté du Roy en son endroit, & de la
prompte execution des promesses de ce grand

Prince. Voici ce qu'elle·contenoit.

Il est ordonné au Garde du Thresor Royal «
M. Estienne Iehannot de Bartillat , de payer «
comptant au sieur Hugues Delabel , Caissier «
establi par les Directeurs de la Compag: ie des «
Indes Orientales, la somme de trois cens mil- «
le livres , laquelle j'ay ordonnée estre mise en «
ses mains, pour partie des trois quinziesmes du «
fonds total , que les Interessez en ladite Com- «
pagnie fourniront pour les despenses à faire «
pour son establissement , lesquels trois quin- «
ziesmes j'ay promis de prester à ladite Compa- «
gnie la premiere année , à condition que les- «
dits Interessez fourniront en trois années con- «
secutives les douze autres quinziesmes, & au- «
tres clauses portées & contenües és articles que «
je leur ay accordez ; Et rapportant par ledit de «
Bartillat La presente ; Copie desdits Articles ; «
Actes de deliberation desdits Directeurs ; De «
nomination dudit Caissier; Receu de luy con- «
trollé par lesdits Directeurs ; la somme de trois «
cens mille livres sera passée dans les Roolles qui «
seront expediez à sa descharge. Fait au Con- «
seil Royal des Finances tenu à Fontainebleau· «
ce septiesme Aoust 1664. «

La Compagnie fut quelque temps en peine

de quelle maniere feroit dreſſée la quittance
que le Caiſſier devoit donner de cette ſomme. Le
cas eſtoit aſſez extraordinaire pour demander
quelque expreſſion particuliere ; neantmoins
on s'arreſta à cette ſimple quittance.

» Ie Hugues Delabel, Caiſſier general de la
» Compagnie des Indes Orientales, confeſſe avoir
» receu comptant de M. Eſtienne Iehannot ſieur
» de Bartillat, Conſeiller du Roy en ſes Conſeils,
» Garde de ſon Threſor Royal, la ſomme de trois
» cens mille livres, en Loüis d'or & d'argent, à
» moy ordonnée par ſa Majeſté, pour partie des
» trois quinzieſmes du fonds total que les Inte-
» reſſez en ladite Compagnie fourniront, pour
» les deſpenſes à faire pour ſon eſtabliſſement ;
» leſquels trois quinzieſmes ſa Maieſté a promis
» de preſter à ladite Compagnie la premiere an-
» née, à condition que leſdits Intereſſez fourni-
» ront en trois années conſecutives les douze
» autres quinzieſmes, le tout conformément aux
» articles accordez par ſa Maieſté à ladite Com-
» pagnie, le dernier May de la preſente année, de
» laquelle ſomme de trois cens mille livres, je
» quitte ledit ſieur de Bartillat & tous autres.
» Fait à Paris le douzieſme jour d'Aouſt 1664.
» Signé Delabel.

". Et au dos eſt eſcrit „ Controllé & verifié «
par nous Syndics de la Compagnie des Indes «
Orientales à Paris, le douzieſme d'Aouſt 1664. «
Signé, RABOVÏN, FERMANEL, CADEAV, «
SANSON, «

. Et plus bas „ Enregiſtré au cinquieſme «
fueillet du grand livre de Raiſon de la Com- «
pagnie des Indes Orientales, cotté A. par moy «
teneur de livres ſoubſſigné, le douzieſme jour «
d'Aouſt 1664, Signé IAMEN. «

Et l'ordre que la Compagnie obſerva en
cette rencontre pour recevoir l'argent du Roy,
eſt le meſme qui s'eſt obſervé pour recevoir l'argent des Particuliers, & il n'a pas eſté mal à
propos de faire voir cette pratique dans un
exemple ſi notable.

Ceux qui n'apportoient point d'argent en XXV
faiſant leur engagement, ſignoient ſimplement
ſur une fueille de papier en declarant la ſomme pour laquelle ils pretendoient s'intereſſer.
Ce ne ſeroit jamais fait, ſi l'on vouloit rapporter tous les noms de ceux qui ſont desja intereſſez ; mais auſſi ne faut-il pas taire les principales perſonnes de l'Eſtat, & dont les declarations ſont non ſeulement avantageuſes pour les
ſommes conſiderables qu'elles aſſeurent à la

Compagnie, mais pour le poids & l'authorité qu'elles y apportent par leur exemple.

Ainsi la Reine Mere a signé pour soixante mille livres.

La Reine pour soixante mille livres.

Monseigneur le Dauphin pour soixante mille livres.

Monsieur le Prince de Condé pour trente mille livres.

Monsieur le Prince de Conti pour vingt mille livres.

Quant aux autres Princes, Ducs, Mareschaux de France, Officiers de la Couronne, Seigneurs, & Personnes qualifiées, il n'y en a point qui n'ait signé pour des sommes notables, tellement que la Cour seule entre dans la Compagnie pour deux millions au moins.

Dans la ville de Paris pareillement il y a peu de personnes de consideration qui n'y ait pris interest.

Les Cours souveraines fournissent plus de douze cens mille livres.

Les Corps des Marchands ne font pas moins de six cens cinquante mille livres, dans laquelle somme le Corps de la Mercerie entre pour cinq cens vingt mille livres, selon le Memoire qu'ils en ont presenté au Bureau.

Les Officiers des Finances y entrent pour deux millions; Et tout cela fans compter grand nombre de Particuliers, qui n'eftant compris dans aucun Corps, ont fait leur engagement feparé.

Quant aux Intereffez des Provinces, on XXVI ne fçait pas encore précifement leurs noms, mais on fçait en general que la ville de Lyon prend intereft dans la Compagnie pour un million.

Roüen, pour cinq cens cinquante mille livres.

Bourdeaux, pour quatre cens mille livres.

Tours, pour cent cinquante mille livres.

Nantes, pour deux cens mille livres.

S. Malo pour cent mille livres.

Rennes, pour cent mille livres.

Thoulouze, pour fix vingt mille livres.

Grenoble, pour cent treize mille livres.

Dijon, pour cent mille livres.

Outre Moulins, Bourges, le Havre, Marfeil-le, Dunkerque, Mets, Amiens, Langres, Chaa-lons, & plufieurs autres Villes qui y entrent en-core chacune pour de groffes parties, la pluf-part au deffus de cinquante mille livres.

Les fommes pour lefquelles on s'eft engagé

doivent eftre payées en trois payemens; Le premier dans la premiere année; Le fecond dans la fuivante; Et le troifiefine de mefme. Mais fi quelqu'un manquoit à acquitter le fecond ou le troifiefme payement, aprés avoir fourni le premier, il perdroit ce qu'il y auroit mis, à moins qu'il ne vendift fon intereft à une autre perfonne, qui continüeroit les payemens. Pour la commodité des Intereffez des Provinces, la Compagnie refolut de nommer des perfonnes pour recevoir l'argent dans les villes mefmes, avec pouvoir de leur en donner des recepiffez, portant promeffe de fournir dans un mois quittance en bonne forme fignée du fieur Delabel Caiffier general de la Compagnie. Mais quant aux Villes où il y doit avoir une Chambre de Direction particuliere, la Compagnie ordonna, qu'il y auroit un Caiffier particulier qui recevroit tout l'argent des Intereffez de ces Villes, & qui leur en fourniroit des quittances; Que la fomme totale pour laquelle chacune de ces villes feroit intereffée fe porteroit en un feul article fur les grands livres; Et que les quittances à la defcharge du Caiffier particulier de ces villes, feroient fournies par le Caiffier General de Paris, en la forme & maniere accouftumée, à mefure que le fonds luy feroit mis entre les mains.

Ces

Ces Reglemens qui furent faits en divers XXVI
temps, pour apporter la facilité dans les payemens des Intereſſez, & qu'il a fallu expliquer,
nous engagent auſſi à expliquer l'ordre qui ſe
tient au Bureau de la Compagnie, tant pour
la Recepte & pour la Deſpenſe, que pour connoiſtre preciſément à toute heure ce qu'elle a
de Fonds en argent comptant; Ce qu'elle en a
deſpenſé; A quoy il a eſté employé; & pour
tenir le compte de tous ſes Vaiſſeaux, Equipages, Marchandiſes & des Perſonnes meſmes
qui ſont engagées à ſon ſervice, & du lieu où
elles ſont, ce qui eſt fort neceſſaire pour la ſa-
tisfaction des Particuliers.

Nous avons desja dit un mot des precau-
tions que la Compagnie employe pour recevoir l'argent qui s'y apporte, afin d'eviter toute ſorte de ſurpriſe, & de pourvoir à la ſeure-
té des Intereſſez. Quand on a mis l'argent entre les mains du Caiſſier, il en delivre une Quittance en parchemin, ſignée de luy, laquelle
doit eſtre controllée par deux Directeurs, &
portée ou enregiſtrée ſur le grand Livre de la
Compagnie, par celuy qui le tient, lequel doit
auſſi faire mention ſur le dos de la Quittance,
du fueillet où elle eſt couchée.

H

Cette Quittance, eſt le tiltre du particulier, &
s'appelle Action, parce qu'en vertu de cette
Quittance, il a ſon Action ſur les effets de la
Compagnie comme Intereſſé; Et cette Quittance eſt encore enregiſtrée ou couchée ſur un
autre livre, appellé Livre des Actions, qui contient tous les tiltres des Particuliers, & les ſommes pour leſquelles ils ſont intereſſez à la Compagnie.

L'argent eſtant ainſi mis entre les mains
du Caiſſier, il doit en faire mention ſur ſon
livre de Caiſſe, où il tient compte de tout
l'argent qu'il reçoit pour la Compagnie. Ainſi
le Livre des Actions, & le Livre de Caiſſe, con-
tiennent l'un & l'autre tout le Fonds de la
Compagnie; Mais il y a cette différence entre
eux, que le Livre des Actions contient le Fonds
de la Compagnie, ſans avoir eſgard à l'employ
qui s'en fait en ſuite; Ce Fonds eſt cenſé y eſtre
tousjours le meſme; La premiere ſomme dont
il a eſté compoſé ne change point, & c'eſt ſur
le pied de cette premiere ſomme, que ſe fait le
partage du profit, & que chacun y participe, à
proportion ſur la totalité du profit, de ce que la
premiere ſomme eſt ſur la totalité du Fonds capital. Au contraire le Livre de Caiſſe eſtant ce-

luy où l'on tient compte non seulement de la
Recepte, mais aussi de la Despense, le Fonds de
la Compagnie y est dans un perpetuel mouvement, & prend autant de diverses faces qu'il
se peut faire de divers emplois d'une somme
d'argent , ou , des choses qui en sont prove-
nües.

Comme c'est donc de la Caisse que l'on tire
tout l'argent qui s'employe, ou en Vaisseaux
& equipages, ou en Marchandises, où en gages
d'Officiers, c'est ce qui oblige d'avoir des Registres ou livres particuliers, qui ont tous neantmoins rapport au grand Livre de Raison , qui
contient en general toutes les affaires de la
Compagnie. Ainsi il y a un livre où l'on tient
compte de l'achapt des Vaisseaux ; un de l'a-
chapt des Victuailles ; un de l'achapt des Marchandises ; & quand il a esté tiré par exemple
cinquante mille livres du fonds de la Compagnie pour achepter des Marchandises, le Livre
du Caissier marque qu'il a delivré cette somme,
& le compte de Caisse qui est sur le grand Livre,
marque en mesme temps l'employ de cette somme, & pour un plus grand destail, vous renvoye
au Livre des Marchandises , qui en ont esté
acheptées, & ce Livre s'appelle livre de Rencontre des Marchandises. De plus, comme ces

Marchandifes doivent ordinairement eftre em-
balées dans des Tonneaux ou Balots, il y a un
livre pour cet effet, appellé Livre des Embala-
ges, par lequel la quantité & qualité des Marchandifes contenües en chaque Balot eft enon-
cée, & marquée de fon numero; Et par la con-
ference de ces deux livres vous connoiffez fi ce
qui a efté achepté eft conforme à ce qui a efté
embalé, & vous voyez par mefme moyen ce qui
a efté chargé fur chaque Vaiffeau. De mefme,
fi la fomme qu'on tire de la Caiffe eft em-
ployée en Vaiffeaux, le compte de la Caiffe
qui eft fur le grand Livre vous renvoye au Livre
de l'achapt des Vaiffeaux, où vous apprenez, que
la fomme tirée de la Caiffe un tel jour, a efté em-
ployée en l'achapt de tel & tel Vaiffeau; Et parce
qu'il faut avoir des Magazins de toutes les chofes qui fervent à la conftruction, armement &
avictuaillement des Vaiffeaux, il y a encore
un livre où l'on tient un compte exact de toutes les chofes qui entrent dans les Magazins,
dans lequel chacune a fon compte diftingué &
& feparé, afin de pouvoir eftre efclairci,
combien il aura efté employé de chaque matiere pour la conftruction d'un Navire, avec
tous fes Agrez, Maftures, Apparaux, Armes
& Vftanciles, & preft à recevoir fes Victuailles, & tout joint enfemble, ce qu'il aura cou-

fté. Par là , le bon & le mauvais mefnage fe
difcernent, & on trouve aifément les effets qui
doivent refter dans les Magazins, pour en faire compter les depofitaires. Les Victuailles ont
un livre pareillement , où elles ont chacune
leur compte feparé, en forte que rien ne de-
meure confus dans ce grand Negoce. Ainfi
l'on peut voir en un inftant ce qu'eft devenu
tout l'argent de la Compagnie. Il eft aifé par
ce moyen de le fuivre à la pifte, & il eft impoffible que l'on deftourne le moindre des effets, qu'on ne le reconnoiffe facilement, parce qu'une Partie ne fort jamais de la Caiffe
qu'on n'en marque incontinent l'employ fur
les Livres particuliers, & qu'il n'en foit dit un
mot en fubftance fur le grand Livre de la Compagnie, qui eft chargé de toutes chofes en ab-
bregé.

Quant aux perfonnes il en eft de mefme.
Toutes les perfonnes engagées à la Compagnie,
foit pour avoir le foin des Comptoirs & des
Facturies, comme Directeurs des Comptoirs ,
Marchands, Soumarchands, Commis & autres;
foit pour fervir fur les Vaiffeaux, comme Capitaines, Lieutenans, Efcrivains, Aumofniers,
Pilotes, Matelots, Paffagers; foit pour fervir
dans les Troupes de Terre , comme Capitai-

nes, Lieutenans, Enseignes , Caporaux , Ser-
gens, simples Soldats; il est parlé en gros de
tous ces gens-là sur le grand Livre de la Compagnie, qui vous renvoye en mesme temps à un
autre, qui s'appelle le Livre des Engagez , où
l'on apprend au long,la condition selon laquelle telle & telle personne est engagée , les appointemens ou gages qu'il doit recevoir par an,
ce qu'on luy a donné d'avance, & ainsi du
reste.

Quand on voudra passer plus outre, & sçavoir en quel lieu feront les personnes; En quelles Colonies ils resideront; Dans quel Vaisseau
ils feront passez aux Indes; Si ils font morts,
ou non, cela s'apprend par un Livre qui se tient
exprés sur ce sujet, & qu'on appelle Livre des
Rencontres des Personnes. Ainsi , d'un coup
d'œil on apprend tout ce qui se peut desirer,
touchant les Choses, & touchant les Personi-
nes.

Au reste tous ceux qui feront interessez dans
la Compagnie, pourront disposer de la part
qu'ils y auront, soit en la donnant ou ven-
dant toute entiere, soit en divisant leur interest par la moitié ou en moindres parties, pourveu que ce qu'on vend ou que ce qu'on reser-
ve, ne soit point au dessous de mille livres, qui

eſt la moindre ſomme que l'on puiſſe avoir dans le fonds capital ; Et ſi Dieu benit ce deſ-ſein, comme on l'eſpere, il y a grande appa-rence que devant qu'il ſoit trois ou quatre ans les Actions augmenteront du double ou du tri-ple, & recompenſeront pleinement les avances que font preſentement les Intereſſez. Mais c'eſt aſſez parlé de tout cecy, reprenons la ſuite de noſtre Iournal.

Les Syndics ayant receu les cent mille eſcus que le Roy leur avoit envoyez, deputerent quatre d'entr'eux vers Monſieur Colbert, pour le ſupplier de vouloir bien teſmoigner à ſa Majeſté les reſſentimens que la Compagnie avoit de ſes bontez extraordinaires en ſon en-droit.

Cette grace fut promptement ſuivie d'une XXVI autre. La Compagnie avoit demandé pluſieurs Privileges au Roy par les Articles qu'elle luy avoit preſentez : Le Roy les avoit reſpondus de ſa main propre, & c'eſtoit ſur cette confian-ce que la Compagnie avoit agi juſqu'alors. Il reſtoit à leur donner le dernier ſceau de l'au-thorité royale par une Declaration verifiée en Parlement, & c'eſt ce qui fut fait incontinent aprés. Les Lettres Patentes en forme d'Edit en

furent expediées à Vincennes au mois d'Aouſt,
& verifiées en Parlement le premier Septembre ſuivant, par leſquelles toutes les graces de-
mandées par la Compagnie luy furent confir-
mées & augmentées meſmes de quelques nouvelles. C'eſt cette Declaration qui luy confir-
ma le privilege de pouvoir ſeule naviger à l'ex-
cluſion de tous autres Sujets du Roy dans toutes les Mers des Indes d'Orient, & du Sud, durant Cinquante ans, à commencer du jour du
depart de leur premiere flotte. C'eſt par cette
Declaration que ſa Majeſté luy accorde à perpetuité la poſſeſſion de l'Iſle de Saint Laurens ou
de Madagaſcar, & de toutes les autres Terres,
Places, & Iſles qu'elle pourra conquerir ſur les
ennemis, ou dont elle pourra s'emparer, ſoit
qu'elles ſoient abandonnées & deſertes, ſoit
qu'elles ſoient occupées par les Barbares; Pour
en joüir eñ toute Proprieté, Seigneurie & Iuſtice, & ſans ſe reſerver aucun droit ni devoir pour tous ces pays, que la ſeule Foy &
Homage lige, que la Compagnie ſera tenuë de
rendre au Roy & à ſes Succeſſeurs, avec la redevance à chaque mutation de Roy d'une
Couronne & d'un Sceptre d'or du poids de
cent marcs. Par cette meſme Declaration le
Roy luy accorde le pouvoir de nommer dans
tous les lieux de ſon eſtabliſſement toutes
ſortes

fortes d'Officiers de Iuſtice & de Guerre ; D'envoyer des Ambaſſadeurs au nom de ſa Majeſté vers les Rois des Indes ; De faire des Traittez
avec eux ; Enfin, il eſt malaiſé d'imaginer aucune exemption, privilege, ou avantage, qui
n'ait eſté compris dans cette Declaration, le
Roy n'ayant rien eſpargné en cette occurren-
ce de tout ce qui dépend de ſon Souverain pouvoir, pour teſmoigner à ſes peuples le deſir
qu'il avoit de contribuer à l'avancement de la
Compagnie. Et c'eſt ce qui donna tant de courage aux Syndics, que dans ce grand accable-
ment d'affaires, qui ſe preſentent touſjours
dans les commencemens, rien ne leur paroiſ-
ſoit impoſſible, dans le zele qu'ils avoient de
correſpondre aux glorieuſes intentions de noſtre grand Monarque.

Encore que la Compagnie euſt beaucoup XXIX
de ſoins à prendre pour ſon premier armement,
elle ne laiſſa pas encore de ſonger au baſtiment
& à l'achapt des Vaiſſeaux qui devoient eſtre
employez dans le ſecond, pour les deſpenſes
duquel, elle ne deſtine pas moins de ſeize cens
mille livres. Elle donna les ordres pour achepter
des Vaiſſeaux en France & en Hollande, où
meſme elle fit baſtir ſix petits Vaiſſeaux nommez ordinairement Oucres, du port de cent

I

tonneaux chacun, pour cette feconde flotte, qui doit eftre de onze Vaiffeaux, aufquels fe joindront trois autres grands Vaiffeaux de guerre, que le Roy a promis à la Compagnie, & qui doivent aller de conferve avec les fiens jufqu'au fonds des Indes, pour y appuyer fon Commerce. En mefme temps elle donna encore fes ordres pour faire baftir en France plufieurs grands Vaiffeaux, qui doivent eftre employez dans les voyages fuivans, à fçavoir, à Saint Iean de Luz, à Bayone, à Breft, à Saint Malo, à Diepe, & au Havre de Grace; & elle refolut encore de baftir dans tous ces ports, de petits Vaiffeaux de cent cinquante, ou deux cens tonneaux, parce qu'on en a tousjours affaire de cette forte, & envoya mefme fur les lieux des perfonnes experimentées pour avoir l'œil fur ces baftimens. La mefme prevoyance de la Compagnie s'eftendit fur toutes les autres chofes neceffaires à l'equipage des Vaiffeaux. Ainfi elle ordonna d'achepter de tous coftez tres-grand nombre de Chanvres pour les Cordages; Elle fit enlever en Bretagne grand nombre de Toiles propres à faire des Voiles; Elle efcrivit en Suede, & en Norwegue, pour en faire venir des Mats & des Bordages, & prit la refolution de faire fondre en France les Canons dont elle auroit befoin. Elle refolut auffi

de faire des Magazins au Havre de Grace, pour
y tenir tousjours une grande provision de toutes sortes d'Vstanciles, Agrez, & autres choses necessaires pour les armemens de ses Vaisseaux. Quelqu'un proposa aussi d'y bastir une
Corderie, & le Roy qui ne se lasse point de
favoriser la Compagnie, luy permit de la faire
sur les remparts de la ville, & luy donna encore une place qui est dans la mesme ville sur
le bord du Bassin, pour y construire des Vaisseaux. Enfin elle n'oublia aucune des choses
necessaires pour soustenir hautement la grande
entreprise qu'elle avoit faite.

Toutes ces choses estant ainsi disposées, la **XXX.**
Compagnie commença à travailler assidüe-
ment au depart de sa premiere Flotte, pour laquelle il luy restoit encore plusieurs ordres à
donner. Il ne luy servoit de rien d'avoir quatre Vaisseaux acheptez, d'avoir arresté plusieurs
Officiers, plusieurs Soldats, & plusieurs Artisans, si elle ne prescrivoit à chacun ce qu'il
devoit faire durant le voyage, & lors que l'on
seroit arrivé à l'Isle de Saint Laurens, où l'on
n'a point d'autre intention pour cette premiere fois, que d'aller jetter les fondemens de nostre grand establissement, attendant la seconde Flotte, qui sera beaucoup plus puissante,

& par le moyen de laquelle on fera en eſtat de mettre la derniere main au Gouvernement de la Compagnie dans cette Iſle. On fit donc un Eſtat general de tous les Officiers & Paſſagers, qui devoient partir à ce premier embarquement, & pour commencer par ce qui ſe devoit faire durant le cours du voyage, il fut reſolu, que les quatre Vaiſſeaux qui avoient eſté doublez & radoubez en differens ports du Royaume, à ſçavoir au Havre de Grace, à la Rochelle & à S. Malo, ſe rendroient tous à Breſt, d'où ils partiroient enſemble pour l'Iſle de S. Laurens. Il fut reſolu en ſuite, que durant le cours du voyage, le Capitaine de chaque Vaiſſeau auroit tout pouvoir dans ſon bord, tant ſur les gens de l'Équipage, que ſur tous les Paſſagers, de quelque condition qu'ils fuſſent, & quelque employ qu'ils pûſſent avoir de la part de la Compagnie. Ce qui fut ainſi determiné pour eviter les malheurs qui peuvent arriver par la deſobeïſſance ou par la conteſtation, dans les dangers où l'on eſt preſque touſjours expoſé ſur la Mer.

XXXI.   Parmi les Paſſagers, la Compagnie eut ſoin d'envoyer des Preſtres, pour l'augmentation de la Religion Chreſtienne dans l'Iſle; Tellement qu'outre les Aumoſniers des Vaiſſeaux, elle.

engagea encore fix Preftres de la Miffion , &
on refolut d'en mettre deux fur chaque Vaiffeau avec un Frere fervant. Ce fut encore un
des principaux foins de la Compagnie, que les
exercices de Pieté durant le Voyage ; Et elle
recommanda aux Capitaines des Vaiffeaux ,
que les prieres fuffent faites publiquement tous
les jours dans chaque Navire ; Que la fainte
Meffe y fuft celebrée le plus fouvent qu'il feroit poffible ; Que les juremens & les blafphe-
mes en fuffent bannis par de feveres punitions;
Que l'on portaft du refpect à tous les Ecclefiaftiques , & qu'on ne les laiffaft manquer de
rien.

La Compagnie arrefta auffi trois Apoticaires, & huit Chirurgiens, outre ceux qui font
d'ordinaire pour le fervice des Vaiffeaux, afin
de laiffer ceux-là dans l'Ifle, pour y demeurer,
& on refolut de les diftribuer fur les Vaiffeaux
auffi bien que tous les autres Artifans qu'on
avoit retenus ; Ce qui fe devoit faire en telle
forte que ceux qui font profeffion des Arts les
plus neceffaires & dont on a arrefté la plus
grande quantité, feroient mis en nombre egal
s'il eftoit poffible fur chaque Vaiffeau , afin de
fe pouvoir paffer les uns des autres, fi par accident ils n'arrivoient pas tous enfemble. Il n'y
a guere moins de deux cens hommes de tou-

tes fortes de meftiers, à fçavoir,

Vingt-huit Maffons & Tailleurs de pierre.

Douze Charpentiers.

Seize Menuifiers.

Dix-fept Marefchaux, Forgerons, Serruriers
& Armuriers.

Dix-huit Laboureurs, Iardiniers, & Vigne-
rons, car c'eft encore un des avantages particuliers de cette Ifle, qu'on efpere y faire venir
de la Vigne.

Douze Ouvriers à cultiver la foye.

Huit Charrons.

Neuf Tonneliers.

Quinze Boulangers, Patiffiers & Cuifiniers.

Huit Bouchers.

Trois Taillandiers.

Quatre Tailleurs d'habits.

Cinq Cordonniers.

Trois Tanneurs.

Quatre Chandeliers.

Outre quelques autres Ouvriers moins neceffaires, dont on s'eft contenté de mener un
de chaque meftier pour ce premier armement.
Et tous ces Ouvriers, auffi bien que les Soldats, doivent eftre diftribuez dans l'Ifle par
Compagnies , pour fervir dans les occafions
où ils feront commandez.

La Compagnie donna auſſi des com-XXXII
miſſions pour achepter toutes ſortes de Marchandiſes, non ſeulement de celles dont le debit pourroit eſtre avantageux avec les Inſulaires, mais encore de toutes les choſes neceſſaires
pour la commodité de la Colonie; Tellement
qu'on peut dire avec verité, qu'il y a bien des
villes qui ne ſont pas ſi bien fournies, que le
ſeront les Magazins de la Compagnie, où l'on
trouvera toutes ſortes d'Vſtanciles de cuivre;
Des Outils pour toutes ſortes de meſtiers; Toute ſorte de Vaiſſelle d'eſtain, & de Batterie de
cuiſine; Quantité de linges & de toiles; Quantité
d'eſtoffes pour les habits; Des armes offenſives
& defenſives ; Des Drogues & Medicamens
pour les Malades, & generalement de tout ce
qui ſe peut imaginer, & de tout ce que les
hommes peuvent deſirer. Leſquelles Marchandiſes, & particulierement les veſtemens & autres choſes neceſſaires à la vie, doivent eſtre
fournies aux perſonnes employées par la Compagnie, à un prix fort raiſonnable, & avec
quelque legere augmentation ſeulement du
prix courant qu'elles ſe vendent en France.
On fit faire auſſi pluſieurs ornemens d'E-
gliſe, Chaſubles, Croix, Calices, Ciboi-
res, Encenſoirs, Nappes d'Autel, Taber-
nacles, Tableaux, & de plus toutes ſortes

de meubles neceffaires pour l'ufage des Preftres.

XXIII. Il fut refolu en fuite que l'on repartiroit
les Victuailles fur les trois vaiffeaux , &
que l'on en donneroit à chacun ce qui luy feroit neceffaire pour le nombre des hommes qui
y feroient embarquez ; Que l'on partageroit
de mefme l'argent, & toutes ces Marchandifes dont nous venons de parler, & qu'enfin s'il
fe trouvoit plus d'Hommes, de Marchandifes,
ou de Victuailles que les trois vaiffeaux n'en
pourroient porter, qu'il en feroit mis une partie fur la petite Galiotte appellée l'Aigle blanc,
& que le furplus feroit chargé fur une Barque
pour eftre porté au Havre, & mis en magafin
jufqu'au prochain embarquement.

Enfin, pour l'execution de toutes ces chofes, & pour pourvoir à celles qui ne pouvoient
pas eftre preveües , la Compagnie deputa le
fieur Cadeau l'un des Syndics, pour fe rendre
à Breft, afin de faire faire en fa prefence les re-
partimens dans les vaiffeaux, tant des Hommes
que des Marchandifes & Victuailles , fuivant
ce qui avoit efté refolu par la Compagnie, ou
felon que luy-mefme le trouveroit plus à propos , après avoir examiné les Inventaires des
chofes embarquées en chaque vaiffeau , la
Compagnie

Compagnie luy en donnant plein pouvoir.
Entre autres chofes on luy recommanda de
s'informer curieufement des principaux Officiers, & autres perfonnes des plus confiderables qui feroient paffez fur les Vaiffeaux de la
Compagnie, depuis le Havre, ou la Rochelle,
ou Saint Malo, jufqu'à Breft, des mœurs &
deportemens des Ouvriers & autres Paffagers,
qui auroient efté embarquez dans les mefmes
Vaiffeaux , & s'il s'en rencontroit quelqu'un qui fuft vicieux , ou capable de caufer
du divorce parmi fes compagnons, de le con-
gedier, de peur que fon mauvais exemple ne
corrompift les autres.

Ces ordres eftans donnez pour l'equipement XXXIV
& pour le depart des Vaiffeaux , on commença à refoudre ce qu'on auroit à faire quand on
feroit arrivé dans l'Ifle. On nomma donc pre-
mierement les Officiers, tant du Confeil, que
de la Police & des Armes, pour maintenir l'Ordre & la Difcipline parmi les François, & pour
avoir foin de les faire vivre en paix & en amitié avec les Naturels du pays, & pour fe mettre en eftat d'affeurer noftre Eftabliffement &
d'avancer nos progrés.

Le Confeil fut compofé de fept perfonnes,
K

& d'un Secretaire, & il fut arresté que ce Confeil, qui feroit appellé Confeil Particulier, feroit cette fonction dans l'Ifle, en attendant qu'il
y euft un Confeil fouverain eftabli, & qui
doit eftre d'un plus grand nombre de perfonnes; ce qui ne fe pouvoit faire qu'au fecond armement.

La Compagnie nomma pour Prefident de ce
Confeil Particulier, le fieur de Beauffe, l'un
des Intereffez dans l'ancienne Compagnie de
Madagafcar, qui s'offrit d'y aller, & qui doit
y demeurer avec la Charge de premier Confeiller au Confeil Souverain, lors qu'il fera
eftabli.

On luy donna pour Affeffeurs fix perfonnes,
à fçavoir; Celuy qui doit commander les Armes pour le fervice de la Compagnie dans l'I-
fle. Le fieur de Montaubon Confeiller au Sie-
ge Prefidial d'Angers, & quatre Marchands.

Celuy qui devoit eftre Secretaire de ce Confeil fut choifi en mefme temps.

Il fut refolu en fuitte, que ce Confeil com-
menceroit fes fonctions en reglant l'employ
de chacun, en forte que les uns fuffent fubor-
donnez aux autres, & qu'il y euft un Superieur
en chaque affaire, afin que fi elle ne s'execu-
toit pas, le Confeil fceuft d'où viendroit la

faute ; Par mefme moyen on luy attribua
l'authorité de pourvoir aux emplois qui vac-
queroient.

La Compagnie dreffa des inftructions fort
amples pour la conduite de ceux qui devoient XXXV
compofer ce Confeil , par lefquelles elle leur
recommanda d'avoir un foin particulier des
Miffionnaires qui vont dans l'Ifle , voulant
qu'ils fuffent logez le plus commodément qu'il
feroit poffible, qu'on leur donnaft tout ce qui
leur feroit neceffaire pour leurs perfonnes , &
pour la decoration de l'Eglife; en forte qu'ils
n'euffent qu'à penfer à la Gloire & au Service de
Dieu, à maintenir les François dans l'obferva-
tion de fes Saints Commandemens, & à pro-
curer la Converfion des Habitans de l'Ifle; à
quoy la Compagnie les exhorta en particulier
de travailler avec leur zele & leur application
ordinaire , fans efpargner les moyens qui
dépendroient d'elle pour parvenir à un fi pieux
Deffein.

On leur recommanda en fuite de tenir la
main, à ce que les Ordonnances pour la Police fuffent ponctuellement executées , & rien
ne leur fut reïteré avec plus de foin, finon, de
ne confiderer pas moins les Habitans de l'Ifle,

que les François mesmes, dans la diſtribution
de la Iuſtice, cela ayant eſté marqué en plus d'un
endroit des Inſtructions qui leur furent miſes
entre les mains, où il eſt eſcrit en termes exprés.
Et la Iuſtice ſera rendüe aux Habitans Naturels
du pays, ainſi qu'aux François meſmes, ſans aucune
diſtinction.

De crainte auſſi que quelqu'un ne pûſt pretendre cauſe d'ignorance de ces Ordonnances,
il fut reſolu qu'elles ſeroient affichées aux portes de l'Egliſe, aux portes des Forts, & du Lieu
où ſe doit tenir le Conſeil, & que ſur les Chemins meſmes & dans la Campagne, elles ſeroient attachées à des poteaux en Langue Françoiſe, & en Langue & Caracteres du pays, pour
faire connoiſtre aux Naturels avec combien
d'Equité & de Iuſtice, on les veut gouverner,
& que l'on ne fait aucune difference entr'eux
& les François. Car enfin, comme la Compagnie a reſolu de faire un grand eſtabliſſement
dans l'Iſle de Madagaſcar, elle s'eſt propoſée
en meſme temps de l'y faire ſubſiſter, non par
la Force ouverte, ni par la Crainte; Mais par le
bon Ordre & par l'Affection des Originaires
qu'elle pretend gagner, en les traitant avec Hu-
manité & avec Tendreſſe; En leur rendant la Iuſtice ſans acception de perſonnes; En leur en-

feignant les beaux Arts; En leur apprenant à
cultiver leur Terre qui eſt ſi feconde, & à jouïr
des commoditez que la Nature leur offre &
dont leur Ignorance les prive; Enfin en les faiſant inſtruire à la Religion Chreſtienne qui eſt
le plus grand bien qu'ils puiſſent recevoir. Et
afin que chacun puiſſe mieux juger du verita-
ble Eſprit avec lequel cette Compagnie entre
dans cette Iſle, voici ces Ordonnances en l'eſtat
meſme qu'elle les y a envoyées.

DE PAR LE ROY.

STATVTS, ORDONNANCES XXXVI
ET REGLEMENS,

Que la Compagnie eſtablie pour le Commer-
ce des Indes Orientales, veut & entend
eſtre gardez, & obſervez, dans l'Iſle de
Madagaſcar & adjacentes, & dans tous
les autres lieux à elle concedez, par ſa Ma-
jeſté.

I.

QVE le Saint Nom de Dieu ſoit honoré
& reſpecté de tous les habitans, tant
ſoldats qu'autres, le Culte Divin exercé avec

tout Refpect & Humilité, & l'Honneur rendu
aux Preftres, Ecclefiaftiques & Superieurs, à chacun felon fa vacation & inftitution.

II.

Celuy qui jurera & blafphemera le S. Nom
de Dieu, fera puni pour la premiere fois par
reprehenfion & advertiffement public, & s'il
recidive fera mis au Carcan fix heures durant,
& s'il continüe, fera puni rigoureufement &
exemplairement, aprés avoir efté jugé par le
Confeil, fuivant la rigueur des Ordonnances
du Royaume de France.

III.

Celuy qui prendra par force une Femme
ou une Fille, fera puni felon la rigueur des
Ordonnances.

IV.

Nul François ne fe pourra marier à une
Originaire de l'Ifle, fi auparavant elle n'eft in-
ftruite en la Religion Chreftienne, Catholique,
Apoftolique & Romaine, & qu'elle n'ait receu le S. Sacrement de Baptefme, & la Sainte

Communion, dont il fera rapporté certificat des Superieurs de la Miſſion, & qu'il n'en ait obtenu permiſſion du Commandant des lieux où ils feront eſtablis.

V.

Vn François eſtant marié à une Fille ou Femme Originaire de l'Iſle, ne pourra quitter ou delaiſſer ſa Femme, ſous quelque pretexte que ce ſoit, ſinon aux cas de Separation qui ſe pratiquent dans le Royaume de France, & la Separation ayant eſté jugée, le Mari pourra laiſ-ſer ſa Femme, ſans que pendant ſa vie il puiſſe convoler à de ſecondes Nopces.

VI.

Il eſt defendu tres-expreſſément à toutes perſonnes d'avoir & de retirer des Femmes ou Filles ſcandaleuſes en leurs maiſons ſur peine de punition exemplaire.

VII.

Il eſt defendu à tous François de faire aucun tort, de prendre ou d'emporter aucune choſe appartenant aux Originaires du pays, quelque petite qu'elle foit, à peine de reftitution du double pour la premiere fois, & de punition exemplaire en cas de recidive.

VIII.

Il eft expreffément defendu à toutes perfonnes de defrober, ou voler quelque chofe à un autre fur peine d'eftre puni felon la rigueur des Loix du Royaume de France, & en outre de reftituer le double de ce qu'il aura defrobé.

IX.

Il eft auffi tres-expreffément defendu à toutes perfonnes, de commettre aucun Meurtre ou Affaffinat, foit en la perfonne d'un François, foit en celle d'un Originaire du pays, à peine d'eftre puni felon la rigueur des Loix, & les Biens du Condamné feront acquis & confif-quez à la Compagnie.

X.

Pareilles defenfes font faites de fe battre en Duel, à peine d'eftre, celui qui aura tué, puni de Mort, fans efperance de Remiffion, & le Cadavre du mort mis au gibet pour fervir d'exemple;

ple; Les Biens de l'un & de l'autre, acquis & con-
fifquez à la Compagnie.

XI.

Defenfes font faites à toutes perfonnes, de
faire aucuns Partis feparez, ni de s'attrou-
per pour aller à la guerre contre les Originaires du pays, ni d'exiger d'eux aucune chofe fous
pretexte d'affiftance ou autrement, fans au
prealable avoir les ordres des Superieurs, à peine d'eftre punis comme perturbateurs du repos public, & contraires à l'avantage & à l'u-
tilité de la Compagnie.

XII.

Il eft tres-expreffément defendu, de vendre
aucuns Habitans Originaires du pays comme
Efclaves, ni d'en faire traffic fur peine de la vie;
Et il eft enjoint à tous les François qui les loüe-
ront ou retiendront à leur fervice, de les traitter humainement, fans les molefter ni les ou-
trager, à peine de punition corporelle s'il y
efchet.

XIII.

Toutes les Ordonnances du Royaume de

France feront ponctuellement obfervées dans
ladite Ifle de Madagafcar & autres lieux par
tous les Habitans, chacun felon fa condition,
fous les peines portées par icelles.

Fait & arrefté au Bureau General de la Compagnie des Indes Orientales à Paris le vingt-
fixiefme Octobre 1664.

XXVII.   A des Reglemens fi juftes, la Compagnie
joignit encore plufieurs avis falutaires, tant
pour le bien des François que des Infulaires
mefmes; Car elle recommanda particulierement
par fes Inftructions à ceux qui compoferoient
le Confeil, d'empefcher, autant qu'il leur feroit
poffible, la fuperftition des Naturels de l'Ifle,
qui laiffent mourir leurs Enfans fans nourritu-
re, quand ils naiffent à certains jours, que
leurs Ombiaffes ou Preftres appellent jours
malheureux, & dont le nombre à leur compte
excéde la moitié de l'Année. Ce qui caufe la
mort d'une quantité incroyable d'Enfans. Elle leur recommanda auffi de prendre grand
foin de la fanté des François, & pour cet
effet de leur defendre trois chofes.

La premiere, de ne point manger par excés
des fruits du pays, & fur tout du Laict crud.

La feconde, de ne fe point defbaucher avec

les femmes de l'Iſle.

La troiſieſme, de ne point aller en parti ſans ordre.

Elle leur enjoignit encore de viſiter ſouvent les Habitations tant des anciens que des nouveaux Paſſagers ; d'examiner ſoigneuſement s'il leur manque quelque choſe ſoit pour la commodité de leur logement, ſoit pour la culture de leurs Terres, ſoit pour l'entretien de leur ſanté, & de faire rapport au Conſeil de tout ce qu'ils en apprendront, afin qu'on y donne ordre. Meſme elle reſolut pour les Embarquemens ſuivans, d'inviter des Religieux de la Charité, de paſſer dans l'Iſle, pour aſſiſter les Malades ; Car comme elle pretend que cette Iſle rapporte de grandes utilitez à toute la France, elle pretend bien auſſi que ceux qui travailleront ſur les lieux à luy attirer ces avantages, en joüiſſent les premiers, & qu'il ne luy ſoit pas reproché d'avoir tranſporté des François dans un pays ſi eſloigné, pour n'avoir pas ſoin d'eux juſques dans leurs plus petites neceſſitez.

Et parce que les loüables intentions de la Compagnie, qui ſont portées par ſes Ordonnances, ne ſeroient pas ſi promptement connües de tous les Peuples de l'Iſle, mais ſeulement de ceux qui ſont voiſins des Forts & des

Lieux où elles feront affichées ; Elle enjoignit
expreffément aux gens du Confeil, d'envoyer
auffi-toft qu'ils feront arrivez, plufieurs Briga-
des dans le dedans du pays, pour informer les
Habitans de nos deffeins, & pour tafcher de les
attirer à nous, par toutes les voyes de douceur
imaginables, & en leur faifant entendre, qu'ils
viennent de la part du plus grand Roy du
Monde, & de la plus celebre Compagnie de
Negoce qui ait jamais efté formée, afin de
traffiquer avec eux, & de leur apporter du
Royaume de France les chofes dont ils manquent ; Que la Parole & la bonne Foy feront
gardées inviolablement de noftre part ; Que jamais aucun Negre, ni autre Habitant de l'Ifle,
n'en fera enlevé ni tranfporté pour eftre vendu
comme Efclave, ou pour eftre contraint de fervir ; Mais au contraire, que les François leur
donneront une protection entiere contre ceux
qui leur voudroient faire un pareil traittement.

Elle leur recommanda par mefme moyen
d'obliger tous ceux qui feroient ces voyages,
de tenir des Iournaux fort exacts de leur Mar-
che, & de marquer precifément les Noms des
Lieux où ils pafferont, l'Eftat & la Nature du
du Pays ; S'il eft arrofé de Rivieres, d'Eftangs,
de Lacs, de Ruiffeaux ; S'il y a des Mines d'Or

ou d'Argent, ou d'autres Metaux ; S'il y a du
Grez, du Marbre, de l'Albaſtre, du Porphyre,
du Iaſpe ; S'il y a des Carrieres de Pierres propres à baſtir, dautant plus que par les derniers avis venus de Madagaſcar, il eſt conſtant
qu'on y peut faire de la Chaux, de la Brique
& de la Tuile. Qu'ils obſervent de plus les
Mœurs & les Couſtumes des Habitans; La forme de leur Gouvernement ; S'ils ſont en Paix
ou en Guerre avec leurs Voiſins ; S'ils aiment
le Commerce ou les Armes; S'ils ont quelque
connoiſſance de Religion, ou s'ils ſuivent la
ſeule Loy de Nature ; En un mot, de faire d'amples Relations de toutes les choſes dignes de
remarque, afin de les envoyer à la Compagnie,
qui prendra en ſuite ſes reſolutions ſelon ce
qu'elle trouvera le plus à propos.

Enfin, la Compagnie enjoignit expreſſé-
ment au Conſeil, de tenir un Regiſtre des
noms de tous ceux qui feroient bien leur devoir, afin de luy en donner avis par les Vaiſſeaux qui retourneroient en France, & qu'a-
prés elle recompenſaſt chacun ſelon ſon merite.

Pour rendre la Iuſtice dans cette Iſle, & XXXVIII
exercer la Charge de Iuge Civil & Criminel,
la Compagnie choiſit en meſme temps le ſieur
de Montaubon, que nous avons desja nommé.

C'eſt luy qui doit recevoir les plaintes de ceux qui auront ſouffert quelque grief & prejudice, tant pour le Civil que pour le Criminel, & en dreſſer ſes Procés Verbaux , qu'il rapportera au Conſeil , où les Parties ſeront mandées, pour eſtre oüyes par leur bouche , & jugées ſommairement & ſouverainement ſelon les Loix du Royaume de France , & ſelon la Couſtume de la Prevoſté & Vicomté de Paris ; En quoy il luy eſt recommandé de ſuivre autant qu'il pourra , l'ordre & la pratique des Iuſtices Conſulaires , pour l'abbreviation des Procés.

Quant aux affaires de la Compagnie qui regardent particulierement le Traffic, elle en diſtribua la Direction entre les quatre Marchands qui doivent eſtre du Conſeil Particulier.

Ainſi elle ordonna que l'un d'eux tiendroit les Livres, & prendroit ſoin qu'ils fuſſent tousjours en bon ordre & en parties doubles ; Que ce ſeroit luy qui dreſſeroit les Commiſſions qu'on donneroit à ceux qu'il faudroit envoyer en Parti, pour faire quelque nouvel Eſtabliſſement, ou pour la traitte des Marchandiſes.

Que l'autre auroit ſoin de la Caiſſe, & obſerveroit de ne rien payer ſans l'ordre du

Conseil ; Qu'il auroit l'œil sur tous les Ouvriers pour leur faire faire leur devoir, & qu'il n'en demeurast point d'inutiles ; Qu'il tiendroit aussi un Estat de tous ceux qui seroient employez au service de la Compagnie, de leurs Fonctions, de leurs Gages & de leurs Appointemens.

Que le troisiesme auroit soin des Magazins où sont les Victuailles, Armes & Vstanciles ; Qu'il prendroit garde qu'il y eust tousjours des vivres pour un long-temps , & qu'il ne manquast pas d'advertir le Conseil lors qu'ils diminüeroient notablement ; Qu'il observeroit sur tout, que les Armes ne sortissent jamais du Magazin sans ordre , & sans que les Soldats à qui on les remettroit, ou les Officiers, pour eux, ne s'en chargeassent par escrit, afin qu'on sçache tousjours ceux à qui on en pourra demander compte, & qu'on soit soigneux de les faire reporter au Magazin.

Que le quatriesme auroit soin du Magazin où feront les Marchandises appartenant à la Compagnie, avec les Drogues & Medicamens, & feroit placer toutes ces choses separément & avec le plus d'ordre & de propreté qu'il pourroit. Qu'il tiendroit un Registre exact de tout ce qui seroit mis dans ses Magazins , & de ce qui en fortiroit, foit pour aller en traitte, foit pour porter à quelque nouvelle Habitation, de façon qu'on pûft tousjours fçavoir la quantité & la qualité des Marchandifes qui feront forties du Magazin ; Et qu'enfin il ne delivreroit jamais aucune chofe, fans l'ordre exprés du Confeil.

Quant au commandement des Armes, la Compagnie en difpofa tout d'un temps ; & comme elle avoit appris que le fieur de Chamargou commandoit dans l'Ifle, où il avoit efté envoyé par feu Monfieur le Marefchal de la Meilleraye, Elle ne voulut point nommer pour ce premier Embarquement d'autre Commandant que luy ; Et le Duc Mazarin luy efcrivit fur ce fujet une lettre fort preffante, par laquelle il luy donnoit avis, qu'il s'eftoit deffaifi en faveur de la Compagnie, de tous les droits qu'il pouvoit pretendre fur l'Ifle de Madagafcar, & que fon intention eftoit qu'il remift entre les mains des Envoyez de la Compagnie, l'Ifle & les Forts dont il eft Gouverneur, & enfuite il l'exhortoit de prendre parti avec la mefme Compagnie, que le Roy protege fi puiffamment.

Comme c'eftoit le deffein, que tous les
François

François capables de porter les Armes qui feroient dans l'Ifle, fuffent divifez en plufieurs
Compagnies, fous le Commandement du fieur
de Chamargou, qui porteroit feul le titre de
Capitaine, les Syndics nommerent des Lieutenans & des Enfeignes pour Officiers de ces
mefmes Compagnies, & donnerent ordre de
leur faire entendre à tous, que le Confeil auroit dans Madagafcar la fouveraine Authorité fur eux ; Qu'il les pourroit deftituer fi ils
manquoient à leur devoir, & qu'ils n'auroient
aucun Soldat ni Artifan fous leur Commandement, que le Confeil ne les leur puft ofter
& les employer à d'autres fonctions, felon
qu'il le jugeroit plus à propos.

Sur les Nominations de la Compagnie, le
Roy fit expedier des Provifions pour les principaux Officiers, à fçavoir, pour le fieur de
Beauffe, celles de Prefident au Confeil Particulier & de premier Confeiller au Confeil Souverain. Pour le fieur de Montaubon, celles de
Iuge Civil & Criminel. Et pour le fieur de
Chamargou, celles de Capitaine Commandant les Trouppes dans l'Ifle. Les autres Officiers n'eurent que de fimples Commiffions fel-
lées du fceau de la Compagnie.

M

Les fieurs de Beauffe & de Montaubon preftérent ferment entre les mains de M. Le Chancelier, & le fieur de Beauffe fut choifi pour eftre Depofitaire des Sceaux du Roy, qui doivent fervir à la Chancelerie, qui fera eftablie par le Confeil Souverain de l'Ifle.

XXXIX. Ces Sceaux avoient efté apportez au Bureau par ordre de fa Majefté. Ils eftoient dans un petit coffre de veloux violet galonné d'or, & garni de cantonnieres de vermeil doré. Dans le grand Sceau le Roy eft reprefenté affis fur un Throfne avec le Manteau Royal, la Couronne fur la tefte, le Sceptre en une main, & la Main de Iuftice en l'autre. Autour, ces paroles font gravées en abregé,

Ludovici XIV. Franciæ & Navarræ Regis Sigillum, ad ufum Supremi Confilÿ Galliæ Orientalis.

Il fut arrefté auffi, que les expeditions qui concerneront la Iuftice & la Police de l'Ifle, feroient intitulées du nom du Roy, & fcellées du fceau de fa Majefté, fur fimple quëue en Cire jaune; Et les autres expeditions concernant le Commerce qui auroient efté arreftées au Confeil, feroient intitulées, *Le Confeil eftabli en l'Ifle de S. Laurens, deliberant fur les affaires de la Compagnie des Indes Orientales, &c.* & fcellées quand il en feroit befoin du fceau de la Compagnie en placart de Cire Rouge.

Au refte, toutes les Commiffions de la Compagnie expediées en faveur des Particuliers, comme celles de Confeiller au Confeil Particulier de l'Ifle, & celles de Lieutenans, Enfeignes, Caporaux, & autres, furent toutes enfermées en des pacquets & mifes en des Boeftes de Fer blanc, fur le plat defquelles il eft efcrit, qu'elles ne pourront eftre ouvertes qu'aprés que les Vaiffeaux feront arrivez à la hauteur du Cap de Bonne Efperance; La Compagnie n'ayant pas trouvé à propos que les Commiffions fuffent pluftoft delivrées, à ceux qui y font dénommez, tant, afin qu'ils ne fe puffent pas prevaloir de leurs Emplois, dans les Vaiffeaux, où il faut qu'ils foient auffi bien que les autres Paffagers fous la dependance des Capitaines, qui en doivent eftre les Maiftres abfolus; que pour eftouffer les jaloufies qui caufent fouvent en de pareilles rencontres de tres-grands inconveniens, que la Compagnie a creu pouvoir eviter par cette precaution.

On obferva de mettre fur chaque Vaiffeau, les Commiffions qui regardent les Perfonnes embarquées fur le mefme Vaiffeau. Mais quant aux pieces qui concernent le Public, comme la

XI

Declaration du Roy , l'Inſtruction generale
touchant ce qui doit eſtre fait dans dans l'Iſle,
les Statuts & Ordonnances de la Compagnie,
le Traitté fait avec les anciens Intereſſez , la
Donation du Duc Mazarin avec ſes ordres
par eſcrit au ſieur de Chamargou qui com-
mande dans les Forts, afin de les remettre entre les mains des Envoyez de la Compagnie ; il
fut fait trois copies de toutes ces Pieces, pour
en mettre une ſur chaque Vaiſſeau, afin que le
retardement de l'un des trois ne pûſt porter
de prejudice aux autres, comme il arriveroit ſi
le Vaiſſeau qui ſeroit chargé de ces Papiers ſe
ſeparoit de la Flotte , & demeuroit derriere.
Ainſi donc il en fut mis des copies dans trois
Boeſtes de fer blanc, leſquelles ayant eſté ca-
chetées & ſcellées du ſceau de la Compagnie,
furent envoyées à Breſt au ſieur Cadeau, à qui
l'on avoit eſcrit ce qu'il en devoit faire.

XLI.   Tandis que la Compagnie travailloit avec
une aſſiduité continuelle aux preparatifs de
cette premiere Flotte, pluſieurs Intereſſez envoyerent au Bureau le premier payement des
ſommes pour leſquelles ils s'eſtoient declarez.
Le Roy qui avoit desja avancé Cent mille
eſcus à la Compagnie, avoit promis, comme
nous avons remarqué, que lors qu'elle auroit

receu quatre cens mille livres de la part des autres, il envoyeroit encore Cent mille escus; La
Compagnie ayant donc receu quatre cens mille livres de divers Particuliers, en fit avertir sa
Majesté, qui sur l'heure mesme ordonna au
Garde de son Thresor Royal, d'y envoyer pour
la seconde fois une pareille somme de Cent
mille escus; Et l'argent fut porté au Bureau par
les Chariots de sa Majesté, accompagnez d'une
Escoüade des Cent Suisses, conduite par un
Exempt. La somme fut delivrée au Caissier
General, qui en donna sa Quittance à l'ordinaire, & la Compagnie fit en suitte les Remer-
cimens que meritoient des Faveurs si signalées.

Tant d'heureux Evenemens; Les Graces con- XLI
tinuelles de sa Majesté; Le concours des Peuples au dedans de l'Estat; La favorable disposi-
tion de toutes choses au dehors, ayant fait
connoistre à la Compagnie, que le Ciel avoit
beni son Establissement, elle resolut de donner aussi des marques publiques de sa Recon-
noissance & de sa Pieté. Ainsi il fut arresté en
pleine assemblée, qu'à l'avenir elle feroit cele-
brer tous les jours une Messe dans l'Eglise de
Sainct Iulien des Peres de la Doctrine Chrestienne, rüe S. Martin, proche la Maison de
la Compagnie, laquelle se doit dire à huit

heures & demie les jours ordinaires, & entre
onze heures & Midi, les Dimanches & jours
de Festes, & qu'à l'issuë de la Messe, le Prestre
feroit les prieres ordinaires pour le Roy. A
quelques jours de là, la Compagnie fit present
à la mesme Eglise d'une Chasuble de brocat
d'or & d'argent, avec le reste des Ornemens de
mesme estoffe, & de plusieurs Cierges dont les
souches sont façonnées & dorées avec les armes de la Compagnie, qui n'oublia rien en
cette rencontre pour signaler son Zele & attirer de nouveau sur ses desseins les benedictions
du Ciel, sans lesquelles on travaille inutilement
sur la Terre.

XLIII.   Cependant toutes choses estant preparées
pour le depart des sieurs de Beausse & de
Montaubon, ils allerent prendre congé de
Monsieur Colbert, qui leur delivra à chacun
les Provisions de leurs Emplois, & mit particulierement entre les mains du sieur de Beausse les
Sceaux du Roy pour s'en servir dans les occa-
sions où il en seroit besoin, attendant l'establissement du Conseil Souverain dans l'Isle. Il leur
dit en suitte, que le Roy desiroit les voir avant
leur depart, & leur donna heure au Louvre pour
ce sujet. Sa Majesté leur fit un accueil tres-fa-
vorable, & les asseura qu'elle n'avoit rien plus

à cœur que les succés avantageux de la Compagnie , aufquels ils pouvoient d'orefnavant
contribuer beaucoup. Elle leur recommanda
fur toutes chofes de rendre la Iuftice avec In-
tegrité & avec Douceur; De punir indifferem-
ment ceux qui l'auroient merité par leur mau-
vaife conduitte ; Et enfin, de refpondre digne-
ment au choix qu'on avoit fait de leurs Perfonnes pour des Emplois fi confiderables. Le
Roy les ayans congediez, ils allerent dire leurs
derniers Adieux à toute la Compagnie , qui les
enchargea derechef d'entretenir de tout leur
pouvoir l'Vnion & l'Amitié entre les François,
tant ceux qui y font desja , que ceux qui y
paffent prefentement , & que c'eftoit le meilleur moyen pour faire profperer les affaires.

. Le lendemain ils partirent pour Breft, où fe XLIV.
devoit faire l'Embarquement. Les Vaiffeaux s'y
rendirent auffi , mais non pas fi promptement
qu'on avoit efperé , à caufe du mauvais
temps. Le Vaiffeau nommé la Vierge de bon
Port, qui avoit efté equipé à Saint Malo, y
y arriva le premier ; Le Taureau qui eftoit parti de la Rochelle, fut accueilli d'une tempefte
dans fon trajet, qui le retarda plufieurs jours;
Le S. Paul fut encore retardé plus long-temps
par les mefmes orages, qui ont regné fur l'O-

cean durant le dernier Hyver, tellement qu'il ne pût estre à Brest qu'au mois de Fevrier. La petite Galiotte appellée l'Aigle blanc, eut le temps plus favorable, & n'avoit esté que sept jours à faire son traiet de la Rochelle à Brest.

XLV.   Quand tous ces Vaisseaux y furent arriuez, le sieur Cadeau Deputé de la Compagnie fit une reveüe generale de tous les Officiers & de tous les Passagers, du nombre desquels il retrancha ceux qui avoient paru de mauvaises mœurs & d'esprit seditieux. Il en fit mesme arrester quelques-uns prisonniers, pour les insolences qu'ils avoient commises ; Au contraire, il fit des gratifications à ceux qui avoient fait leur devoir. Mesmes, quelques Passagers qui estoient sur le Taureau, ayant perdu leurs hardes durant le mauvais temps qui les avoit surpris au milieu de leur passage, il leur en fit donner d'autres aux despens de la Compagnie, afin que cette Severité d'un costé, & cette Douceur de l'autre, tinst chacun dans le devoir. En suite, il fit charger toutes les Marchandises sur les Vaisseaux, selon la repartition qui en avoit esté ordonnée par la Compagnie, ce qui fut achevé en beaucoup moins de temps qu'il n'auroit fallu, s'il n'avoit eu beaucoup de loi-

sir

fir à fe preparer à cette cargaifon ; Car comme
les deux premiers vaiffeaux qui eftoient arrivez, avoient apporté une partie des Marchandifes qui devoient eftre envoyées dans l'Ifle,
& qu'il en eftoit encore venu beaucoup du
Havre de Grace, fur une petite Flufte qu'on
y avoit frettée, cela eftoit caufe qu'on avoit
desja chargé par avance fur l'un & fur l'autre de
ces deux Vaiffeaux, ce qui eftoit deftiné pour
eux ; & ainfi quand le S. Paul fut arrivé, il ne
fut neceffaire que d'y embarquer ce qui avoit
efté refervé pour luy, & d'en tirer pareillement
ce qui devoit eftre mis fur les autres Vaiffeaux.
Cela fait, & le temps fe trouvant affez favo-
rablement difpofé, on choifit le fixiefme du
mois de Mars pour le depart de toute la Flotte.
Le jour precedent, le Syndic deputé de la Compagnie fit affembler les principaux Officiers
qui devoient commander dans l'Ifle, & prit de
nouveau leur ferment, aprés quoy ils s'allerent
tous embarquer avec beaucoup de refolution
& de zele. Luy-mefme fe fit mener à bord des
Vaiffeaux qui eftoient en rade depuis plufieurs
jours, où il fit une nouvelle reveüe de tous les
Equipages & de tous les Paffagers. Il y trouva
Cinq cens cinquante hommes tous en bonne
fanté, & l'on remarqua mefme que de ce
grand nombre de perfonnes engagées au fer-

N

vice de la Compagnie depuis fix mois, il n'e-
ftoit mort qu'un feul homme de maladie, ce
qui fembloit eftre un heureux prefage pour
l'avenir. Il fit encore prefter ferment à tous les
Capitaines des Vaiffeaux & autres Officiers;
ce qui fe paffa avec beaucoup de fatisfaction
de part & d'autre, les Matelots tefmoignant
par leurs cris d'allegreffe, la bonne efperance
qu'ils avoient du fuccés de leur Voyage. S'e-
ftant retiré, ils commencerent à fe difpofer à
mettre à la voile, aprés qu'ils eurent defchar-
gé tout leur Canon, & qu'il y euft efté refpon-
du par tout celuy du Chafteau. Sur le foir, le
Vent ayant un peu changé, les Vaiffeaux paf-
ferentla nuit au mefme lieu; Mais le lendemain
dés les fix heures du matin, ils partirent par
un temps fort ferain, à la faveur d'un Vent
d'Eft extrémement favorable pour leur route,
& qui les fit promptement difparoiftre aux
yeux de toute la Ville, qui les voyoit efloi-
gner, & qui les accompagnoit de fes vœux en
ce moment. Quelques jours avant que de partir, les Peres de la Miffion avoient fait bapti-
fer un Negre de l'Ifle, lequel eut pour Parrain
le Deputé de la Compagnie, & pour Marraine
la fille du fieur de Cintré Lieutenant de Roy
dans la Ville & Chafteau de Breft. Il fut nommé Loüis, avec toutes les ceremonies qui fe

pratiquent dans les Baptefmes des perfonnes adultes. Les Marchandifes de la Compagnie qui n'avoient pû eftre chargées fur les quatre Vaiffeaux, furent refervées pour le fecond Embarquement, par les ordres du mefme Deputé, qui ayant ainfi confommé heureufement le fujet de fon voyage, fit fes preparatifs pour retourner à Paris, où l'on receut avec beaucoup de joye les nouvelles du depart de la Flotte, qui y eftoient attendües avec impatience depuis trois mois.

Durant ce temps-là, la Compagnie ne demeura pas inutile, ainfi qu'il eft à croire; Et comme pour la derniere perfection de fon Etabliffement il luy reftoit à faire deux chofes principales, à fçavoir, d'achever fon Fonds, qui par la Declaration du Roy avoit efté fixé à Quinze millions, & de nommer les Directeurs qui devoient compofer la Chambre Generale de la Direction à Paris, elle s'appliqua affiduëment à l'un & à l'autre. Cependant comme elle eut fait reflexion fur les incommoditez qui s'eftoient rencontrées à faire fon Armement à Breft, à caufe de la peine que les Vaiffeaux avoient eüe à s'y rendre, elle refolut de faire l'Embarquement prochain dans la Riviere de Charente, où elle efperoit auffi de trouver plus

XLVI.

facilement la plufpart des chofes dont elle auroit befoin ; Veu mefme que l'experience de
tous nos Mariniers nous a appris, que l'eau de
la Charente eft celle qui fe conferve le mieux
fur la Mer, dans les voyages de long cours.
C'eft pourquoy elle donna ordre d'y faire conduire deux grands Vaiffeaux qu'elle avoit
acheptez en Hollande, & fix autres petits qu'elle y avoit fait baftir.

XLVII.　La Compagnie prit encore plufieurs refolutions tres-importantes, tant pour ce fecond
Embarquement, que pour fon Eftabliffement
en general; En quoy elle receut beaucoup de
fecours de la prefence de Monfieur Colbert,
qui venoit fouvent prefider à fes Affemblées.
Ainfi elle mit en deliberation s'il eftoit plus à
propos de faire cultiver l'Ifle de Madagafcar
par des Paffagers à gages, ou, d'y tranfporter
des Colonies, & de diftribuer aux nouveaux
Habitans qu'on y envoyeroit, des Terres qui
leur appartiendroient en propre, fous de certaines redevances. Les fentimens furent partagez fur ce fujet, & l'importance de la Queftion
fit que chacun s'efforça de chercher des raifons
pour defendre fon opinion.

Ceux qui fouftenoient qu'il eftoit plus avan-

tageux à la Compagnie de se servir de gens à
gages, alleguoient que la Compagnie en auroit plus d'authorité sur eux; Que cette dependance perpetuelle les tiendroit mieux dans
le devoir, & que comme la Compagnie seroit
en puissance de les envoyer où bon luy sembleroit, & de les changer de temps en temps,
elle previendroit par ce moyen toutes les
Factions qui se pourroient former, & coupe-
roit la racine aux moindres desordres. Ils ap-
porterent l'exemple de nos Voisins, qui en
usent de la sorte dans la pluspart des lieux des
Indes. Enfin ils dirent, que comme la Compagnie joüiroit du travail de tous les Passagers, ses revenus en seroient plus grands, & le
profit des Interessez plus notable.

Les autres soustenoient au contraire, qu'il
estoit incomparablement plus avantageux d'e-
stablir des Colonies; Que le grand nombre de
gages qu'il faudroit donner en suivant le premier avis, emporteroit la plus grande partie
du gain que l'on se figuroit; Que cette dependance perpetuelle sembloit mesme s'opposer
à l'industrie des Passagers, veu qu'il se rencon-
treroit tousjours des faineans, qui cherche-
roient toutes sortes de voyes pour se dispen-
ser du travail, quand ils connoistroient que

leurs gages n'en courroient pas moins ; Qu'au
contraire en tranſportant des Familles entieres,
& leur donnant des Terres qui leur appartiendroient en propre, la penſée qu'ils auroient
que leur travail ſeroit pour eux , reſveilleroit
leur adreſſe & leur feroit faire des efforts extraordinaires. De plus , que comme il falloit
avoir en veüe de rendre cette Iſle toute Françoiſe, & de mœurs & de langage , & de ne
faire à la fin qu'un Peuple des deux Nations,
qui n'adoreroient qu'un meſme Dieu , qui
n'auroient qu'une meſme Religion, & ne re-
connoiſtroient qu'un meſme Prince, il ne falloit pas eſperer ce grand ſuccés , par d'autres
moyens, que par des Colonies, & par des allian-
ces reciproques. Que l'on ſe pouvoit aſſeurer ,
que quand tous les Peuples de la France connoiſtroient clairement la fertilité de la Terre
de cette Iſle , la bonté des Fruits, la douceur
du Climat, les Secours que la Compagnie donnera à tous ceux qui y paſſeront , les Soins
qu'elle en prendra quand ils ſeront ſur les lieux,
il ſe preſentera un nombre infini de pauvres
Familles, pour y aller habiter, & pour taſ-
cher à trouver une vie plus douce & plus
aiſée. Que quand un homme y auroit tranſporté ſa femme & ſes enfans, il conſidereroit
à l'avenir ce pays-là comme le ſien propre, &

qu'ainſi le nombre des François ſe multiplie-
roit extrémement en fort peu de temps, &
que ce ſeroit s'oppoſer à ce grand effet, & qui
ſe produira tout ſeul, que de ne pas accepter
la Colonie. Toutes ces raiſons & pluſieurs autres, ayant eſté examinées en plus d'une ſean-
ce, la Compagnie enfin conclut, qu'il falloit
envoyer des Colonies dans l'Iſle, & pourvoir
à toutes les choſes qui pouvoient faire reüſſir
cette maniere de Gouvernement.

Ainſi il fut arreſté, que l'on feroit un Placart pour eſtre affiché par toute la Ville, afin
de donner au Peuple connoiſſance de ce Deſ-
ſein, & des avantages dont tous les Particuliers, qui voudroient aller demeurer dans l'Iſle
pourroient joüir, tant à cauſe de l'abondance
& de la bonté du pays, qu'en conſequence des
graces que la Compagnie vouloit accorder à
ces nouveaux Habitans. Ces Affiches furent ex-
poſées par toute la Ville quelque temps aprés,
& les principales conditions propoſées par la
Compagnie eſtoient.

Que toutes perſonnes de l'un & de l'autre Sexe
qui ſe preſenteroient pour aller dans l'Iſle, ſeroient paſſées ſur les Vaiſſeaux de la Compagnie au prochain Embarquement.

Qu'incontinent aprés leur arrivée, il leur
ſeroit diſtribué des Terres pour leur demeurer

en propre, à perpetuité , & à leurs Heritiers ,
moyennant une legere redevance par Arpent,
& fans aucune autre charge.

Qu'ils feroient nourris pendant leur paffage , & mefme trois mois après leur arrivée ,
moyennant un prix fort modique , lequel ils
payeroient à la Compagnie, des Marchandifes
mefmes qu'ils auroient recueillies fur leurs terres, ou qu'ils auroient negociées dans le pays
avec les Infulaires.

Que ce rembourfement fe feroit en trois
payemens d'an en an, le premier defquels ef-
cherra un an aprés leur eftabliffement.

Qu'il leur feroit fourni des Outils pour travailler , des Marchandifes pour traffiquer, des
Habits, & autres chofes neceffaires, en les payant
à prix raifonnable.

Que tous les gens de Meftier , qui auront
demeuré huit ans dans l'Ifle, & autres lieux des
Indes, feront Maiftres de leurs Arts & Meftiers dans toutes les Villes du Royaume, fans
eftre obligez à faire de Chef-d'œuvre.

Que la Compagnie auroit foin à tous les
Embarquemens, d'envoyer dans l'Ifle, plufieurs
Miffionnaires & Ecclefiaftiques, des Medecins,
des Chirurgiens , des Apoticaires, & mefmes
des Religieux de la Charité, afin que les Colonies ne manquaffent d'aucune affiftance, foit

pour

pour les confolations fpirituelles, foit pour les remedes corporels.

Cependant, cette refolution de faire des Co- XLVIII. lonies, ayant fait connoiftre à l'Affemblée qu'il n'y avoit rien deformais de plus important, que de choifir une perfonne de qualité & de merite, de qui l'experience & l'authorité pûft fortement appuyer ce deffein ; qui pûft maintenir les gens de guerre dans l'obeïffance , entretenir l'ordre dans les Colonies , en faciliter le maintien & l'accroiffement , il fut propofé à quelques jours de là, Si la Compagnie devoit faire ce choix elle-mefme, comme elle en avoit le pouvoir par la Declaration de fa Majefté , ou, Si pour donner plus de poids à cette Nomination, & plus de Zele & d'Authorité à celuy qui feroit pourveu de cet Employ , elle devoit fupplier fa Majefté d'y pourvoir de fon propre mouvement. Et chacun demeura d'accord, que comme en cette rencontre ils avoient befoin d'un Homme de Naiffance , qui euft eu desja des Commandemens confiderables dans les Armées, & de qui la Prudence fuft connüe, il n'y avoit point de difficulté qu'ils le trouveroient bien plus facilement en le demandant au Roy, qu'en fe chargeant de le choifir , & que ce Choix venant purement de fa Majefté,

O

il imprimeroit fur cette perfonne un certain
Charactere qui attireroit fur elle plus de refpect,
& feroit mieux executer fes ordres. Ainfi, la
Compagnie creut qu'il eftoit entierement de
fon intereft, de fupplier le Roy de leur vouloir
faire cette nouvelle grace, & de leur accorder
un Chef pour commander dans l'Ifle, fous
telle qualité qu'il plairoit à fa Majefté de luy
donner, & pour avoir la premiere voix & féan-
ce au Confeil qui y feroit eftabli, & dans lequel on delibereroit de toutes fortes d'affaires,
foit concernant le Commerce, foit touchant
l'adminiftration de la Iuftice, foit, pour l'Eftabliffement des Colonies, pour les expeditions
des Vaiffeaux, pour les entreprifes de la Guerre, pour la feureté des Forts & des Habitations;
Et de plus, de fupplier encore fa Majefté, d'accorder à celuy qu'elle nommeroit, tel nombre
de Trouppes qu'il feroit neceffaire pour envoyer
dans l'Ifle, & pour y appuyer les Eftabliffe-
mens qui y doivent eftre faits. Et cela paffa
tout d'une voix, & on pria Monfieur Colbert
de faire entendre cette refolution au Roy, &
de vouloir joindre fes prieres à la tres-humble
fupplication qu'ils en faifoient à fa Majefté.

Quelques jours aprés, les Syndics eftant affemblez, Monfieur Colbert leur efcrivit un
Billet, qui leur donnoit avis en peu de paroles,

que fur ce nouveau Choix propofé à fa Majefté, elle s'eftoit declarée en faveur du fieur de
Mondevergue ; Et le lendemain il l'amena à
la Compagnie, à laquelle il dit plus au long,
que le Roy ayant jetté les yeux fur tous les
Officiers qui avoient eu des Emplois confiderables dans fes Armées, afin d'en nommer un
qui euft toutes les qualitez requifes pour commander dans l'Ifle de Madagafcar, elle n'en
avoit point trouvé qui luy paruft plus capable
d'une Charge fi importante, foit pour la Pro-
bité, foit pour l'Experience, que le fieur de
Mondevergue, qui eftoit prefent ; Que c'eftoit
le fujet pour lequel il venoit dans l'Affemblée,
& que dorefnavant il affifteroit aux deliberations, afin de prendre une connoiffance plus
parfaite des affaires de la Compagnie, en attendant le depart de la prochaine Flotte, avec laquelle il doit s'embarquer. Et ce choix donna
beaucoup de joye à tous les Affiftans, qui efpe-
roient beaucoup d'une perfonne dont le merite & les Emplois eftoient univerfellement
connus.

Environ ce temps-là mefme, on parla de **XLIX.**
donner un nouveau Nom à l'Ifle de Madagafcar, & quand on eut confideré que les Portu-
gais avoient desja changé ce nom en celuy de

Saint Laurens, à caufe, comme ont dit quelques-uns, qu'ils l'avoient defcouverte pour la
premiere fois le jour de la Fefte de ce Saint, on
creut que nous luy devions auffi donner un
nom, qui confervaft une marque eternelle du
temps où nous avons commencé à y faire ce
grand Eftabliffement, & qui continft en abbre-
gé une idée de la Grandeur de la France, & de la
Profperité prefente de la Maifon Royale. Ainfi, il fut propofé que dorefnavant on la nommeroit L'ISLE DAVPHINE, & que tous les Actes
feroient dreffez fous ce nom, ce qui fut depuis
authorifé par la nouvelle Declaration du Roy,
dont nous parlerons cy-aprés, & tout le monde en conceut un bon augure pour nos Colonies, rien ne confirmant mieux les grandes efperances que l'on doit avoir de cette Ifle, que
de luy communiquer le Nom de ce Soleil naif-
fant, qui eft l'Efperance, non feulement de
toute la France, mais encore de toute la
Chreftienté.

L. 　　Pendant que les chofes fe paffoient ainfi, la
Recepte de la Compagnie augmentoit tous
les jours fort notablement, les Particuliers
s'empreffant d'apporter le premier tiers des
fommes pour lefquelles ils s'eftoient declarez.
On receut en un feul payement le premier tiers

du Million que la ville de Lyon doit fournir, & on receut auſſi juſqu'à Cinq cens mille eſcus de l'argent du Roy, ſur le preſt gratuit de trois Millions, que ſa Majeſté veut bien faire à la Compagnie, tellement qu'en peu de temps elle ſe vit prés de Onze Millions de livres d'aſſeurez, dont elle avoit en argent comptant trois Millions ſix cens mille livres. Cependant elle ſçavoit bien que les Particuliers de la pluſpart des villes de France ne s'eſtoient pas encore declarez; Elle en recevoit tous les jours des avis precis, & pluſieurs ſe plaignoient du peu de temps qui reſtoit pour eſtre receu à mettre dans le Fonds de la Compagnie, chacun eſtant bien faſché de perdre cette occaſion, & de n'avoir pas pris ſes meſures de meilleure heure. C'eſt ce qui luy faiſoit ſouhaitter qu'il plûſt au Roy de prolonger le temps de la cloſture de ſon Fonds, & les Syndics en parloient ſouvent entr'eux.

D'autre coſté, le Roy ayant ſceu que la Compagnie eſtoit en retardement pour la creation des Directeurs qui devoïent compoſer la Chambre Generale de la direction à Paris, ſa Majeſté fit declarer aux Syndics, qu'elle deſiroit abſolument qu'on nommaſt les Directeurs, & leur marqua le vingtieſme du mois de Mars

LI.

pour cette action.

L'Aſſemblée de tous les Intereſſez de la Cour & de la Ville fut convoquée au Louvre, dans l'Appartement du Roy, qui l'avoit deſiré ainſi, & on leur envoya à tous des Billets pour les avertir de s'y rendre l'apreſdiſnée, & de donner leur voix par eſcrit dans un Billet ſigné d'eux, & cacheté de leurs Armes, en choiſiſ-ſant ſur la liſte des Intereſſez, qui avoit eſté imprimée pour cet effet, ceux qui leur ſeroient le plus agreables, & qui auroient l'Intereſt ne-ceſſaire, pour eſtre Directeurs.

Les Syndics de la Compagnie employerent les jours precedens à examiner & verifier leurs Livres, à clorre & arreſter leurs Comptes, à ſi-gner toutes leurs Deliberations, en un mot à mettre toutes leurs Eſcritures en bon eſtat, afin de les porter au Louvre & de les preſenter à ſa Majeſté & à tous les Intereſſez. L'Aſſemblée fut compoſée de tous les Princes, Ducs, Pairs, Mareſchaux de France, & autres Officiers de la Couronne; Preſidens, Conſeillers de Cour Souveraine, Officiers des Finances, notables Bourgeois, & generalement de tous ceux qui avoient droit d'y aſſiſter, c'eſt à dire qui avoient Intereſt de ſix mille livres dans la Compagnie & au deſſus. Les Syndics & Deputez des autres

Villes du Royaume qui eſtoient à Paris, y furent auſſi mandez, pour donner leur voix.

Cette celebre Aſſemblée s'eſtant rendüe
dans l'Anti-Chambre du Roy, ſa Majeſté y
vint accompagnée du Chancelier de France,
& des Secretaires d'Eſtat. Le Roy s'eſtant aſſis
dans un Fauteüil de Brocat d'or, au bout d'une
longue table couverte d'un tapis de velous vert
en broderie, les Syndics preſenterent à ſa Majeſté leurs Livres, & en ſuitte on apporta deux
Caſſettes vuides pour recevoir les Billets des
Intereſſez ; Cela fait, M. Le Chancelier s'eſtant
approché de la chaiſe du Roy prit la parole,
& remonſtra à toute l'Aſſemblée, que le Roy
les avoit mandez pour achever de donner la
derniere main à l'eſtabliſſement de la Compagnie des Indes Orientales par la nomination
des Directeurs. En ſuite il s'eſtendit ſur les
loüanges du Commerce, ſur les avantages que
nos Voiſins en avoient retirez, ſur les utilitez
que nous en devions eſperer, & fit remarquer
à toute l'Aſſemblée les heureuſes circonſtan-
ces qui avoient accompagné la naiſſance de cette Compagnie, entre leſquelles la principale
eſt, d'avoir commencé ſous le Regne du plus
Puiſſant, & du plus Magnanime Roy que la
France ait eu depuis la Fondation de la Mo-

narchie. Il fit voir, aprés, les grands secours que
sa Majesté avoit donnez à cet Establissement, la
Protection puissante qu'il luy accorde, ce Prest
gratuit de trois Millions de livres, dont il avoit
desja avancé la meilleure partie, tant d'autres
Graces & Privileges qu'il avoit espandus sur
cette Compagnie, qu'il sembloit que sa Majesté, ne pensast plus à ses Interests, à force de pen-
ser aux Interests de ses Peuples. Il adjousta que
sa Majesté ayant estimé d'abord que les Marchands du Royaume seroient ceux qui four-
niroient les principales sommes de cet Establissement, il leur avoit accordé la demande qu'ils
luy avoient faite, d'estre les seuls admis dans
la Chambre Generale de la Direction. Mais
que l'experience ayant fait voir que les autres
Ordres de l'Estat avoient fourni beaucoup plus
que le Corps des Marchands, il estoit de la Iustice du Roy., de leur accorder aussi le pouvoir
de nommer quelques-uns d'entr'eux pour estre
Directeurs, quoy que le plus grand nombre
fust tousjours de Marchands. Qu'ainsi, la volonté de sa Maiesté estoit, que le Sieur Colbert
fust Directeur pour elle & pour toute la Cour,
& qu'il presidast tousjours aux Assemblées de
la Direction ; Qu'en son absence le Prevost des
Marchands presideroit aux mesmes Assemblées;
& que chacun nommast en suitte un Directeur
pour

pour les Officiers des Compagnies Souveraines ;
Vn autre pour les Officiers de Finance ; & que
le surplus qui consistoit en neuf places, seroit
rempli de Marchands, pour l'ellection desquels
sa Majesté leur laissoit la liberté toute entiere,
aussi bien que pour la nomination des trois
principaux Officiers de la Compagnie, qui sont
le Caissier, le Teneur de Livres, & le Secretaire. Il finit, en exhortant les Directeurs qui seroient esleus, à s'appliquer avec assiduité à une
affaire si importante, & dans laquelle sa Majesté & toute la France leur confioient leur bien
& la reputation de l'Estat, & où il ne s'agissoit
pas seulement de l'avancement du Commerce,
mais encore de la grandeur du Nom François,
& de l'augmentation de la Religion Chrestienne. Ce discours estant achevé, tous les Interessez poserent leurs billets dans les Cassettes,
qui estoient ouvertes, & cela estant fait, elles
furent fermées à clef. Le Roy en se levant fit
approcher les Marchands qui se rencontroient
dans l'Assemblée, & particulierement ceux
qui avoient jusqu'à present composé le Bureau
de la Compagnie, lesquels elle asseura de nouveau de sa Protection en des termes fort obli-
geans, & aussi-tost s'estant retiré en son Cabinet, fit faire le Scrutin en sa presence. Sa
Majesté ayant connu par ce moyen ceux qui

P

avoient le plus de voix, elle donna ordre à Monsieur Colbert de les avertir de leur Nomination dés le soir mesme.

Le lendemain ils se trouverent tous au Bureau de fort bon matin, & parmi eux M. de Thou, cy-devant President au Parlement de Paris, & Ambassadeur pour sa Majesté en Hollande, qui avoit esté esleu Directeur pour les Officiers des Cours Souveraines.

Peu aprés Monsieur Colbert s'y rendit avec M. le Prevost des Marchands, & chacun ayant pris sa place, il presenta un Resultat signé de la propre main du Roy, fait en suitte de l'Assemblée du jour precedent, lequel fut leu & enregistré dans le livre des Deliberations. Il estoit en ces termes.

LII. „ L E Roy Ayant fait assembler dans son
„ Appartement du Louvre, tous les Inte-
„ ressez en la Compagnie des Indes Orientales,
„ qui ont voix deliberative suivant l'Edit de
„ son Establissement, pour la Nomination des
„ douze Directeurs qui doivent composer la
„ Chambre de la Direction generale à Paris, &
„ sa Majesté leur ayant auparavant fait entendre
„ par la bouche de M. Le Chancelier, que sa

volonté eſtoit, que le ſieur Colbert fuſt Dire- "
cteur pour elle, & pour toute la Cour, & qu'il "
preſidaſt tousjours en ladite Chambre de la "
Direction Generale; Que le Prevoſt des Mar- "
chands de Paris, comme Chef de tout le Com- "
merce, aſſiſtaſt en ladite Chambre, & y pre- "
ſidaſt en l'abſence dudit ſieur Colbert, & qu'il "
fuſt en ſuitte nommé à la pluralité des voix Vn "
Directeur pour les Officiers des Compagnies "
Souveraines, & autres Gens de Robe; Vn au- "
tre pour les Gens de Finances; & neuf Mar- "
chands des meilleurs & plus acreditez de cette "
Ville de Paris; Aprés quoy, tous leſdits Intereſ- "
ſez ayant mis les Billets portant les noms des "
Perſonnes dont chacun d'eux faiſoit choix, "
dans deux Caſſettes diſpoſées à cet effet, & ſa "
Majeſté les ayant fait ouvrir, & en ſuitte com- "
pter en ſa preſence, le plus grand nombre deſ- "
dits Billets ſe ſeroient trouvez contenir les "
nommez cy-aprés. A Sçavoir, "

Pour les Officiers des Compagnies Souverai- "
nes, & autres Gens de Robe, "
    Le Sieur de Thou. "

Pour les Officiers de Finances, "
    Le Sieur Berrier. "

» Pour les Marchands,

»   Le fieur Poquelin Pere.

»   Le fieur Cadeau.

»   Le fieur Langlois.

»   Le fieur Iabac.

»   Le fieur Bachelier.

»   Le fieur Herinx.

»   Le fieur de Faye.

»   Le fieur Chanlatte.

»   Le fieur de Varennes.

» Et quant aux trois principaux Officiers de la-
» dite Compagnie, à fçavoir, le Caiffier, le Te-
» neur de Livres, & le Secretaire, tous les Inte-
» reffez auroient demandé delay d'en faire le
» choix, jufques à ce que les Directeurs euffent
» examiné le merite de ceux qui fe prefentent
» pour ces Emplois, & en euffent fait le rapport
» à fa Majefté. Fait à Paris le vingtiefme jour de
» Mars 1665. Signé, LOVIS. Et plus bas, DE
GVENEGAVD.

Aprés on fit lecture des neufviefme & dixiefme Articles de la Declaration du Roy pour l'E-
ftabliffement de la Compagnie; Et comme il eft
porté par le neufviefme, que la Chambre
Generale de la Direction à Paris, doit eftre
compofée de vingt & un Directeurs, à fçavoir
douze de Paris, & neuf des autres Villes & Por-

vinces, à proportion des fommes que chacune
y auroit mifes; Et que par le dixiefme Article il
eft dit, que les Directeurs de Paris eftant choifis, ils s'affembleroient avec les Syndics Deputez des Villes, pour examiner avec eux, celles
où il devoit y avoir Chambre Particuliere de
Direction; On fit entrer dans l'Affemblée les
Deputez des Villes de Lyon, de Roüen, de   LIII.
Nantes, de S. Malo, du Havre, & de Marfeil-
le. Et aprés qu'on euft examiné les Interefts
que chacune de ces Villes, & plufieurs autres y
avoient pris, il fut arrefté, Qu'il feroit eftabli
des Chambres de Direction Particulieres, dans
les Villes cy-aprés nommées, à fçavoir, à Lyon
à Roüen, à Nantes, au Havre, & à Bordeaux;
& qu'il feroit nommé des Deputez de ces Chambres de Direction Particulieres, pour affifter à la
Direction Generale à Paris, à fçavoir, Trois de
Lyon; Deux de Roüen; Vn de Bordeaux; Vn
de Nantes; Et parce qu'il falloit encore deux
autres Directeurs des Provinces, pour faire le
nombre de neuf, il fut arrefté, qu'ils feroient
pris des Villes qui auroient l'Intereft le plus
confiderable, aprés celles-cy. De plus, la Compagnie ayant confideré, que dans toutes les
Villes du Royaume, horfinis en celle de Lyon,
il ne fe trouvoit pas affez d'Intereffez pour dix
mille livres, afin d'eftre efleus Directeurs des

Chambres Particulieres, il fut arresté que le
Roy seroit tres-humblement supplié, de vouloir modifier l'Article treiziesme de la Declaration, qui porte, Que nul ne pourra estre esleu
Directeur dans les Provinces, s'il n'a du moins
Dix mille livres d'Interest en la Compagnie, &
d'ordonner que tous ceux qui auront mis jusqu'à la somme de Six mille livres, pourront
estre esleus Directeurs, pour composer les
Chambres des Directions Particulieres.

LIV.   Les Nouveaux Directeurs partagerent entr'eux leurs Emplois, afin que les affaires se fis-
sent plus promptement, & que chaque Directeur s'appliquast sans distraction aux choses
qui dependroient de son Ministere. Cette Di-
vision fut faite conformément à un Projet tres-
exact, qui en avoit esté dressé quelque temps
auparavant, & que les Directeurs firent enre-
gistrer tout entier dans le Livre de leurs Deliberations, pour estre à l'avenir la Regle de leur
Conduite.

Ce Projet fait voir d'abord, que toutes les
affaires de la Compagnie peuvent estre divisées
en trois Departemens principaux, qui forme-
ront trois Colleges des Directeurs, lesquels dans
leurs diverses fonctions comprendront genera-

lement toutes chofes.

Que le Premier College, ou Departement, aura la conduite du dedans du Bureau ; prendra le foin de folliciter & de retirer toutes les expeditions dont la Compagnie aura befoin, foit auprés de Meffieurs les Secretaires d'Eftat, foit prés de Meffieurs du Confeil ; De tenir le Roole de tous les Intereffez ; De faire les diligences pour faire mettre les Fonds dans les temps neceffaires ; De faire tenir les Livres en bon Ordre, & de faire rapporter toutes les Efcritures ; De prendre garde que les Deliberations de la Compagnie foient bien redigées par efcrit ; De veiller à l'execution de ce qui fera refolu ; D'avoir l'œil fur les trois principaux Officiers de la Compagnie, qui font le Caiffier, le Teneur de Livres, & le Secretaire, & autres femblables occupations.

Que le Second College embraffera tout ce qui concerne les achapts & armemens des Vaiffeaux ; Qu'il aura foin d'examiner les lieux où il fera plus à propos de les faire baftir, & les marchez qu'il en faudra faire ; D'achepter les Bois, Mafts, Chanvres, Fer, Cordages, en un mot, tout ce qu'on a de befoin pour la conftruction des Vaiffeaux, & pour les avictuailler ; D'arrefter les Capitaines, Pilotes, Matelots, & de faire provifion de tout ce qui leur fera

neceffaire, tant pour aller & demeurer dans les
Indes, que pour leur retour ; De faire amas de
toutes les Cartes, Routiers, Memoires, Inftructions, & generalement de toutes les chofes
qui peuvent contribuer à l'avantage de la Navigation.

Que le Troifiefme College prendra foin de
l'achapt des Marchandifes qu'il faudra envoyer
dans les Indes, pour y eftre vendües ; D'examiner celles qui y feront de meilleur debit, en
conferant avec les perfonnes habiles qui ont
desja fait ces Voyages, & qui font entendües
en ce Negoce ; De faire manufacturer en France toutes fortes d'Eftoffes dont on aura befoin
pour y porter, & de tafcher qu'elles fe faffent
icy avec la mefme perfection ou plus grande
encore, que celles qui fe font dans les pays
Eftrangers. Que le mefme College choifira tous
les Officiers qui feront envoyez dans les Indes
& dans l'Ifle Dauphine, & prendra foin auffi
des retours des Marchandifes qui fe rapporte-
ront des Indes.

Cela eftant ainfi expliqué pour la Divi-
fion generale des occupations de la Compagnie, il touche en fuitte les Reglemens qui
concernent les jours des Affemblées, l'Ordre
des Seances, & la Maniere d'y traitter les Affaires, & generalement tout ce qui regarde la
Police

Police & la Difcipline de la Compagnie ; Ce
qui eft par tout fouftenu de Raifonnemens tres-
folides, fur lefquels la brieveté de ce Iournal
ne nous permet pas d'arrefter davantage.

En confequence donc de ce Projet, les Nouveaux Directeurs furent partagez en trois Colleges, chacun de quatre Directeurs , & il fut
arrefté auffi que l'on diftribuëroit dans ces
trois Colleges les neuf Directeurs des Provinces, en forte que l'on en joindroit trois à chaque
College , & qu'en attendant leur arrivée , on
prieroit les Syndics Deputez des autres Villes,
qui eftoient prefentement à Paris, de fe joindre
aux mefmes Colleges.

Cependant la Compagnie voulant pourvoir à la defcharge des Syndics pour le temps
de leur adminiftration , pria Monfieur de
Thou & fix autres Directeurs d'examiner en
quel eftat eftoient les Livres de la Compagnie,
à fçavoir, le grand Livre de Raifon , le Livre
des Actions, le Livre de Caiffe, & autres au
nombre de dix ; Et quelques jours aprés , ces
Meffieurs ayant fait rapport , qu'ils avoient
trouvé le tout en bon ordre , la Compagnie
eftima que les anciens Syndics demeuroient
fuffifamment defchargez ; Mais pour plus d'au-

LV.

Q

thorité, elle refolut de fupplier le Roy de faire un Article particulier touchant leur defcharge, dans la Declaration que fa Maiefté avoit def-fein de faire expedier de nouveau en faveur de la Compagnie.

LVI.   Cette nouvelle Declaration avoit efté de-mandée par tous les Directeurs, principalement pour prolonger le temps de la Clofture de la Compagnie. Dautant que par le huitiefme Ar-ticle de la Declaration du Roy donnée à Vin-cennes au mois d'Aouft 1664. il eft porté que ceux qui voudront s'intereffer, feront obligez de le declarer dans fix mois, à compter de l'En-regiftrement de cette Declaration au Parle-ment de Paris, lequel ayant efté fait le pre-mier iour de Septembre fuivant, il eft manife-fte que les fix mois font expirez, & par con-fequent que perfonne n'y pourroit plus eftre receu. Mais parce que tous les jours il fe def-couvre de nouveaux Intereffez, & particulie-rement dans les Provinces efloignées, où l'En-regiftrement de la Declaration du Roy n'a pas efté fi promptement connu qu'à Paris, & que l'heureux Eftat des affaires de la Compagnie eft une nouvelle raifon qui perfuade efficacement tout le Monde d'y prendre part ; La Com-pagnie creut devoir demander à fa Maiefté

Six mois de delay pour la Clofture de fon Fonds capital, lefquels expireront au dernier jour de Septembre prochain, aprés quoy nul n'y fera plus receu. Ce font les dernieres refolutions de la Compagnie, fur lefquelles chacun peut fe regler & faire fon profit d'un avis fi important.

Et voila tout ce qui s'eft paffé iufqu'au der- LVII. nier jour d'Avril de la prefente année 1665. touchant l'Eftabliffement de la Compagnie Françoife des Indes Orientales. La France l'apprendra avec ioye, toute l'Europe avec une grande attente, & les Indes mefmes ne recevront pas cette nouvelle avec indifference, lors qu'elles connoiftront la Douceur & la Civilité de la Nation, avec qui elles vont entrer en Commerce, & qu'elles feront pleinement informées des Vertus Heroïques de noftre grand Monarque, qui n'a formé un Deffein fi illuftre, que par un pur motif d'Amour envers fes Peuples, & de Zele pour la converfion des Infideles.

FIN.

Extrait du Priuilege du Roy.

PAR grace & Priuilege du Roy, il eſt permis à Sebaſtien Cramoiſy, Imprimeur & Libraire ordinaire de ſa Majeſté, Directeur de l'Imprimerie Royale en ſon Chaſteau du Louvre, Ancien Eſchevin, & Ancien Iuge, Conſul de cette Ville de Paris, d'imprimer vn liure intitulé, *Relation de l'Eſtabliſſement de la Compagnie Françoiſe pour le Commerce des Indes Orientales, Diſcours, Articles, Declarations, & autres pieces concernant ledit Eſtabliſſement dudit Commerce deſdites Indes Orientales ;* pendant le temps & eſpace de quinze années conſecutives : avec defenſes à tous Imprimeurs & Libraires d'imprimer ou faire imprimer ledit Livre ſous pretexte de déguiſement ou changement qu'ils y pourroient faire, à peine de confiſcation & de l'amende portée par ledit Priuilege. Donné à Paris, ce ſeptieſme jour de Iuin 1665. Signé, par le Roy en ſon Conſeil. MABOVL.

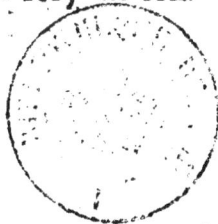

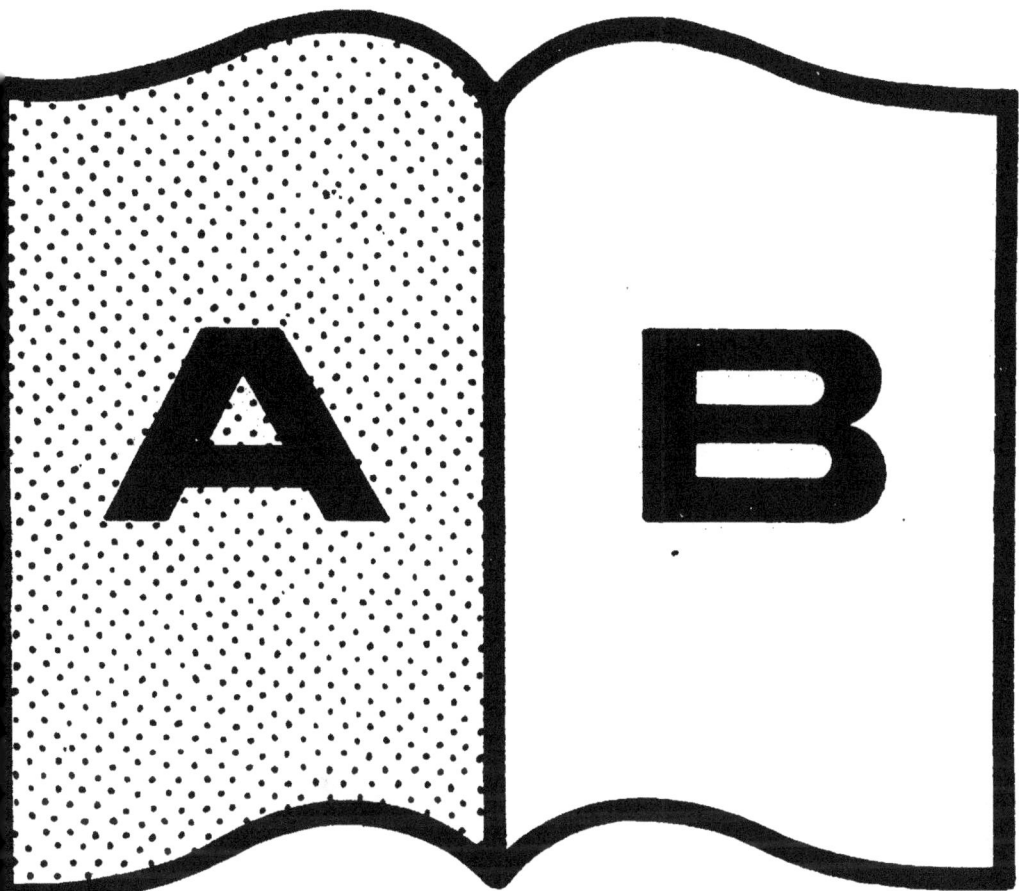

Contraste insuffisant

NF Z 43-120-14

www.ingramcontent.com/pod-product-compliance
Lightning Source LLC
Chambersburg PA
CBHW062012200326

41519CB00017B/4775